PREFACIO.

Este libro no está preparado para los doctos técnicos, ni para los estudiantes de los seminarios teológicos, quienes deben saber todo lo que se expone aquí, aunque no siempre sucede así con ellos. Hemos tenido en cuenta las necesidades de los maestros regulares de las Escuelas Dominicales, las clases Bíblicas de los adultos, a la juventud de las escuelas secundarias, a los que cursan el primero o el segundo año en los colegios evangélicos y a los predicadores que han tenido pocas oportunidades para prepararse debidamente. El libro está adaptado para usarse en la Escuela Dominical, en los institutos Bíblicos y en la preparación de los maestros. No contiene referencias para ningún otro libro que no sea la Biblia. Los capítulos están divididos en numerosos párrafos, cada uno de los cuales desarrolla una sola idea. Es el propósito de este libro el de hacer más inteligible el Nuevo Testamento, para que sea más fácilmente enseñado a otros. Se da el debido énfasis a las relaciones en toda la portentosa historia. El autor sugiere que para estudios más amplios, se necesitarán, juntamente con este libro, algunos otros como una "Armonía de los Evangelios," que puede ser la de Broadus, una breve Vida de Cristo, como la suya propia, titulada "Las Epocas en la Vida de Jesús," o "La Vida de Cristo" por Stalker, y una breve Vida de Pablo, como su libro titulado "Epocas en la Vida de Pablo" o la "Vida de Pablo" por Stalker. El libro del autor, "Juan el Leal," comprende detalladamente toda la vida de Juan el Bautista. Sin embargo, con la ayuda de los mapas y de un Nuevo Testamento, cualquiera puede estudiar este volumen, sin necesidad de tener ningún otro libro auxiliar. El Nuevo Testamento Cronológico de los estudiantes, está adaptado para este objeto. Me agrada pensar en el gran número de hombres y mujeres que desean ardientemente saber más de Cristo y de su amor, para enseñar a otros lo que saben. Si de una manera humilde puedo desempeñar el papel de Aquila y Priscila con cualquier Apolos que tenga el don de relatar con exactitud las cosas que se refieren a Jesús, me sentiré pagado mil veces por la escritura de estos capítulos. Que el espíritu de Jesús nos ayude a aprender esta maravillosa historia, a vivir de conformidad con ella y a relatarla de tal manera que ganemos a otros para Cristo.

A. T. ROBERTSON.

Louisville, Ky.

ESTUDIOS

EN EL

NUEVO TESTAMENTO

Manual para Clases Bíblicas, para los Institutos
Bíblicos y para la Preparación de Maestros
de Escuela Dominical.

POR

A. T. Robertson,

Versión en castellano por la Srta. Sara Hale.

CASA BAUTISTA DE PUBLICACIONES

CASA BAUTISTA DE PUBLICACIONES
Agencias de Distribución

ARGENTINA:
Rivadavia 3464, Buenos Aires
COLOMBIA:
Apartado Aéreo 15333, Bogotá, 1
COSTA RICA:
Apartado 285, San Pedro
CHILE:
Casilla 1253, Santiago
ECUADOR:
Casilla 3236, Guayaquil
EL SALVADOR:
Apartado 2319, San Salvador
ESPAÑA:
Arimón 22, Barcelona-6
ESTADOS UNIDOS:
Apartado 4255, El Paso, Texas 79914
GUATEMALA:
12 Calle 954, Zona 1, Guatemala
HONDURAS:
Apartado 279, Tegucigalpa
MEXICO:
Vizcaínas No. 16, México 1, D. F.
NICARAGUA:
Apartado A-138, Managua
PANAMA:
Apartado 5363, Panamá 5
PARAGUAY:
Casilla 1171, Asunción
PERU:
Apartado 2562, Lima
REPUBLICA DOMINICANA:
Apartado 880, Santo Domingo
URUGUAY:
Casilla 2214, Montevideo
VENEZUELA:
Apartado 152, Valencia

Primera edición: 1924   Quinta edición: 1971
Segunda edición: 1949   Sexta edición: 1973
Tercera edición: 1953   Séptima edición: 1977
Cuarta edición: 1965

Clasifíquese: Estudios Bíblicos
ISBN: 0-311-03629-5
C.B.P. Art. No.: 03629

4 M 7 77

CONTENIDO

Parte I: EL FONDO

Parte II: LA VIDA DE CRISTO

Parte III: LA HISTORIA APOSTOLICA

PARTE I.

EL FONDO

CAPITULO I.

EL MUNDO ROMANO EN EL AÑO 5 A. C.

1. Sobre las Ruinas del Pasado.

El mundo Mediterráneo era romano en el año 5 A. C. y esto fué realizado por el éxito de los siglos de conflictos y la victoria final. En el Africa Septentrional, Cartago había sido vencida finalmente por Roma como resultado de las prolongadas guerras Púnicas. Grecia y Macedonia habían sido conquistadas igualmente por las armas romanas. Luego, la parte occidental del Asia Menor había tenido que rendirse al Aguila Romana. El círculo se fué ensanchando hasta que Siria, Palestina y Egipto fueron provincias de Roma en el Oriente, mientras que en el Occidente, España y Galia eran los despojos de Julio César y aún la isla de Bretaña vino a ser Romana. Solamente los Alemanes del Occidente, los Partos en el lejano Oriente, los Godos y los Hunos en el Norte, opusieron una seria resistencia a las armas romanas. Los pueblos de la India y de la China estaban demasiado lejos de la vida mediterránea para tomarlos en consideración. Los indios de Norte y Sud-América, eran desconocidos. Pero aún así, el mundo era muy antiguo y no podemos precisar qué edad tenía. Las inscripciones en Egipto parecen manifestar alguna civilización en el año 5,000 A. C. Las inscripciones cuneiformes y los monumentos en Mesopotamia manifiestan una antigüedad igual. Grandes naciones habían pasado al olvido. El Imperio de Alejandro el Grande estaba fundado sobre siglos si no sobre milenios de vida griega que se remontaba hasta épocas anteriores a Troya, a Micenas y Creta y sobre el mismo Imperio Pérsico, el cual era el heredero de los Babilonios, Asirios, Heteos, Frigios y otros pueblos del Asia Menor. Los romanos vinieron a ser los herederos de las conquistas de Alejandro en Egipto, en Siria y en Asia Menor.

2. Un Mundo Greco-Romano.

Los romanos conquistaron a los griegos, aunque en el sentido real, los griegos conquistaron a los romanos. La obra de Alejandro había extendido ya la lengua y las costumbres griegas en el mundo oriental. La unificación del mundo bajo el gobierno romano, no romanizó al mundo de Alejandro tanto como se helenizó el imperio de Roma. Aun la misma ciudad de Roma tenía maestros griegos, juegos griegos y el idioma griego fué usado por Pablo cuando escribió a la iglesia de Roma. El resultado fué una mezcla de las dos civilizaciones, excepto en el Africa Septentrional y en el occidente (España, Galia y Bretaña). Los romanos no hicieron esfuerzo alguno para nulificar la vida y el pensamiento griegos; al contrario, se constituyeron en imitadores de Grecia en literatura y filosofía. De esta manera, el helenismo vino a ser la principal característica del mundo romano. Una persona que pudiera hablar griego, podía hacerse entender casi en todas partes. El Koiné (idioma común) fué el sucesor directo del antiguo griego en el cual fué escrito el Nuevo Testamento. Era el idioma del pueblo común, de los negocios, de la vida, de la literatura (de todo, con excepción de unos cuantos imitadores artificiales del aticismo literario y clásico).

3. Educación.

Es una equivocación pensar del mundo romano como una edad iliterata. Había mucho pueblo no educado, sin duda, pero el promedio de la inteligencia fué notablemente alto. Había grandes universidades como las de Atenas, Tarso, Pérgamo, Alejandría, con grandes bibliotecas como las de Alejandría y Pérgamo. Pablo pudo haber sentido la influencia de Atenodoro, el filósofo estoico, en Tarso. Había escuelas de oratoria como la de Rodas, e instructores especiales de filosofía u oratoria, quienes frecuentemente viajaban de ciudad en ciudad. En Alejandría, la gramática había recibido una atención especial y la filosofía griega fué entonces estudiada con empeño, excepto por los judíos. La traducción del Antiguo Testamento, del hebreo al griego, en Alejandría, hizo posible que los judíos de habla griega y los gentiles también, pudieran leer por sí mismos el Antiguo Testamento. Los libros eran más o menos costosos puesto que tenían que copiarse a mano; pero los escribas eran muy expertos en este asunto y existían establecimientos que se ocupaban exclusivamente de copiar (como nuestras casas de publicaciones), en varios centros educativos. Ya hacía mucho tiempo que había pasado el floreciente período de la cultura ática, pero los escritores griegos que conocían el **Koiné**, como Polibio, Diodoro y Estrabón, manifestaron que el idioma no había perdido su fuerza. La edad de oro de la literatura latina, acababa de pasar. Cicerón, César, Virgilio, Tíbulo, Lucrecio y Cornelio Nepos, habían muerto. Horacio murió solamente 8 años A. C. Livio vivía aún y Ovidio estaba escribiendo sus poemas en Roma. Juvenal y Tácito, todavía no nacían. Los esclavos griegos de la cultura, eran los maestros de escuela en la misma Roma. La actividad mental del primer siglo D. C., puede apreciarse por el hecho de que los cristianos del imperio, pertenecían principalmente a las clases media y baja, y no obstante, se esperaba que las Epístolas de Pablo fueran leídas en las reuniones públicas y que fueran entendidas fácilmente por aquellos que escuchaban su lectura. Había mucha gente que no había recibido educación, como lo demuestran ampliamente los papiros; pero se le daba importancia a la educación y en poblaciones como la de Corinto, en donde había muchos "ricos a vapor," era a menudo afectado a simulada.

4. Filosofía.

La filosofía griega no era ya un asunto de interés meramente académico, sino que había experimentado una transformación distintamente práctica. Los estoicos y los epicúreos dividieron entre sí los honores populares. Pablo disputó con ellos en la Agora de Atenas (Actos 17: 18) y en todas partes del mundo se encontraban propagandistas de estos dos sistemas. Sócrates había llamado la atención de los hombres, de la mera especulación acerca del universo externo, a la reflexión sobre su propia naturaleza moral. "Conócete a ti mismo;" esta fué su instancia. Platón llevó esta idea más allá insistiendo en la hermosura, tanto como en el deber. Aristóteles procuró abarcar todo el conocimiento humano, físico y metafísico. Rebelándose contra toda esta especulación, Epicúro y Zenón, procuraron dar a la filosofía un aspecto más práctico. En medio de un mundo de luchas, Zenón, aunque panteísta en cuanto a Teología, instruyó sobre el orgullo y el dominio propio, con muy nobles preceptos (compárense Séneca, Epicteto, Marco Aurelio), pero admitía el suicidio en caso de fracasar. Epicuro, quien realmente fué ateo en lo concerniente a los dioses, aconsejó el placer como el bien principal y la importancia de gozarlo mientras se tuviera oportunidad. El resultado fué el extendimiento de la inmoralidad. Los dos filósofos prácticos a quienes nos referimos, tienen numerosos secuaces en todas partes del mundo. En Alejandría, los judíos educados, como Filón, que tuvieron contacto con la filosofía griega, procuraron combinarlo con el Antiguo Testamento. Explicaron a Platón, por medio de Moisés, empleando el método alegórico de exégesis que pasó a los maestros y predicadores cristianos del primer período alejandrino. La filosofía es siempre una parte más importante en la vida de las masas, que lo que ellas mismas se lo imaginan.

5. La Religión.

El crecimiento de los estudios filosóficos creó una tendencia al escepticismo en cuanto a los dioses de Egipto, de Babilonia, de Frigia, de Grecia y de Roma. Sócrates y Platón sintieron el deseo de conocer a un solo Dios y no confiar en muchos. Había aún muchos dioses, pero ya no se manifestaba en ellos la fe infantil que se manifiesta en los poemas de Homero. Se conservaban todavía las formas de culto, pero aún los sacerdotes solían hacerse guiños los unos a los otros cuando se encontraban en las calles. Julio César, Catón, el primer Plinio, Lucrecio y Varrón, fueron todos escépticos. Cicerón dudaba, y el Emperador Augusto, aunque supersticioso, era incrédulo y fué, mismo, en el imperio, el principal objeto del culto. Las inscripciones revelan términos tales como Señor, Salvador y aún Dios, aplicados a él. El mismo permitió que lo deificaran y le dedicaran imágenes y templos para ser adorado. Este "culto del emperador" fué al principio el enemigo principal del cristianismo y pronto provocó el choque entre los cristianos y las autoridades romanas. Pero existía un gran descontento y el deseo ardiente de una fe mejor como lo cantó Virgilio en su cuarta egloga, quizá bajo la influencia de la Septuaginta (Isaías). Los misterios eleusinos de Grecia habían enseñado a los hombres una fe secreta de esperanza y más tarde (siglo primero A. D.), vinieron del Oriente otros misterios—religiones como el mithraísmo, las cuales por espacio de dos siglos desafiaron al cristianismo en su lucha por ganar a las masas. Estas misteriosas religiones tenían sus dioses redentores (como Isis y Osiris)—una doctrina de salvación, un bautismo de sangre (Taurobolium), una comida sagrada y otros ritos secretos de iniciación con poderes mágicos. Los iniciados celebraban reuniones secretas en las noches y tenían experiencias extáticas que los condujeron a la inmoralidad. En efecto, el culto de Afrodita y de Isis tenían un servicio de sacerdotisas que hicieron de la inmoralidad una parte del culto. Hubo muchas religiones y muy poca religión. Los hombres estaban "sin Cristo, sin esperanza y sin Dios en el mundo" (Efe. 2:12).

6. La Moral.

Abundaba la enseñanza ética, parte de la cual era muy

buena como la de la filosofía estoica. Pero entre la religión y la moral, no había verdadera relación. Se creía, en realidad, que los dioses mismos se desposaban a su voluntad con las mujeres y eran absolutamente mitológicos. Como ya se ha dicho, la inmoralidad fué una institución regular introducida en el culto del templo de Afrodita, Astarte, Isis y otras diosas como en los templos budistas de la India en la actualidad. Las antiguas deidades romanas no eran tan lascivas como lo fueron las de Asiria, Egipto y Grecia; pero el Orontes inundó al Tíber. Por la influencia de la filosofía y de la religión griegas y orientales, la fortaleza de carácter de los antiguos romanos se fué debilitando y el divorcio, desconocido antes en Roma, se hizo popular. El cuadro de la vida pompeyana que las cenizas del Vesubio conservaron en las paredes de las casas de Pompeya, es tan inmoral, que a las mujeres no les es permitido verlo. Séneca se lamentará diciendo: "El vicio ya no se esconde; se exhibe ante todos los ojos. La inocencia ya no es ni rara: ha dejado de existir." El infanticidio era tan común que no se le prestaba atención como sucedió en China y en el Japón antes de que el cristianismo penetrara en aquellos países. Se decía que el imperio estaba teñido de púrpura con la sangre de los niños. La acusación que hace Pablo contra el mundo romano, en Rom. 1 y 2, es aplicable a China en la actualidad. "Todo el mundo está puesto en maldad" (1 Juan 5:19).

7. La Sociedad.

Entonces, como en la actualidad, había ruedas dentro de ruedas. La antigua República Romana había sido sustituída por el Gran Imperio. Las costumbres sencillas que habían hecho grandes a los romanos, se habían desvanecido. Los generales y jefes políticos llegaron a ser extremadamente ricos como resultado de las conquistas romanas. De los ochenta y cinco millones de habitantes del imperio, solamente siete millones estaban en Italia. Había seis millones de esclavos en el imperio. Había una numerosa clase de hombres libres que habían comprado su libertad o ésta les había sido dada. Los plebeyos nacían libres y se reputaban superiores a los libres y a los esclavos. En la sociedad romana, no había clase media; existían solamente dos grandes extremos; los ricos y los pobres. Pocos eran ricos; la mayor parte, eran pobres. Los nobles eran extremadamente disolutos y vivían en continuos banquetes que se hacían servir en vajillas de oro. En una ocasión, Cicerón y Pompeyo fueron a la casa de Lúculo. sin haber sido invitados y lo encontraron disfrutando de una comida que le había costado cuatro mil dólares. Las masas eran reducidas a la miseria por unos cuantos que las explotaban sin compasión. Las masas romanas exigían pan, diversiones, comida libre y circos gratis, a expensas del Estado. Las exhibiciones gladiatorias aumentaron en magnitud y en horror para satisfacer la sed de sangre del populacho. Se exhibían no películas, sino cuadros vivos de crueldad. La disolución y la crueldad, aumentaron rápidamente. Los pequeños ranchos desaparecieron y las grandes haciendas ocuparon su lugar. El pueblo invadió las ciudades y se organizaron sociedades de artesanos como defensa contra los capitalistas. Había clubs mutualistas de inhumaciones y toda clase de organizaciones fraternales y artesanos ambulantes de distintas clases. Después, el problema de raza se hizo delicado. Los judíos eran despreciados por los gentiles y éstos, a su vez, eran bien odiados por aquéllos. Los griegos consideraban a todos los demás como bárbaros. Los ciudadanos romanos se creían superiores a los que no lo eran, ya fueran libres, esclavos o de las multitudes heterogéneas dominadas por Roma. La democracia era desconocida; había en su lugar una casta real basada en el dinero y en el poder.

8. Actividades Comerciales.

La Pax Romana, traída por la conquista de todo el mundo mediterráneo, trajo una época de la más tremenda actividad comercial que no ha tenido paralelo sino hasta el siglo diecinueve. Las puertas del templo de Jano estaban cerradas; pero la puerta de la oportunidad comercial estaba abierta de par en par para todo el mundo. Egipto fué el granero del imperio; pero había comercio de la India, de España, de los Montes Cárpatos y aun de Bretaña. Los navíos romanos invadieron la mar. Los maravillosos caminos romanos como Vía Apia (parte de la cual está en servicio todavía) y la Vía Egnacia, desafían, para vergüenza de la civilización actual, a nuestros caminos modernos. No se puede decir lo mismo respecto de las posadas o mesones, que frecuentemente no eran más que tabernas en las cuales había dormitorios destinados a los ladrones y a las cortesanas. Pero los comerciantes efectuaban sus viajes de negocios. Los hombres viajaban también por placer, o en vía de instrucción y también por motivos de su salud. Había fábricas, establecimientos comerciales que vendian al por mayor, barberías y grandes empresas semejantes a las que existen en la actualidad. En el año 33 A. D., hubo un gran pánico causado por la quiebra de las casas bancarias de Máximo y Vibo en Roma y que se debió a la ruina de Seuthes e Hijo, de Alejandría, y de Malco y Compañía, de Tiro. Los papiros consignan interesantes detalles acerca de los contratos y de otros negocios de aquel tiempo. Muchos de los comerciantes ricos tenían quintas e hicieron ostentación de magnificencia y de beneficencia al mismo tiempo.

9. Grandes Ciudades.

Había en el imperio, ciudades de importancia. Roma fué indiscutiblemente la primera. Su fundación es incierta en lo que respecta a la fecha, pero se cree generalmente que data del año 754 A. C. Pero es una historia admirable la del cómo la pequeña ciudad de las riberas del Tíber, creció paulatinamente, viniendo a sobrepujar a sus rivales hasta el grado de dominar a Italia y destruir a Cartago a pesar de Aníbal, conquistó a Grecia y dominó a todo el mundo hasta que poco a poco, el mismo éxito sembró la semilla de la decadencia y de la ruina. El promedio de nacimientos declinó; la clase media desapareció, la lujuria y el ocio enervaron a las clases superiores y los esclavos y los hombres libres, no sintieron su responsabilidad como ciudadanos contra las hordas de los bárbaros del Norte. Pero no fué Roma la única ciudad de importancia. En el lejano oriente, en las riberas del Eufrates, Babilonia existía aún como símbolo del esplendor y del poder orientales, siendo el hogar de una multitud de judíos. En Egipto, además de las antiguas ciudades de Mémfis y Tebas, existía Alejandría, la ciudad fundada por Alejandro el Grande, y que era entonces el emporio del comercio y el asiento de una gran universidad y de una biblioteca, y el lugar de reunión del oriente y del occidente. Antioquía en Siria, Tarso en Cilicia, Efeso en Asia, Pérgamo, antigua capital de un gran reino, con su gran biblioteca; Filipos, la colonia romano en Macedonia; Tesalónica, la floreciente ciudad comercial (que existe todavía en la actualidad con el nombre de Salónica); Atenas, con sus templos, sus bosques, su universidad y su antigua gloria; Corinto, destruída una vez por Mumio, restaurada por Julio César y en la actualidad una floreciente ciudad comercial—no son sino ejemplos de la vida de las ciudades del imperio. Algunas eran colonias, como Filipos, que eran reproducciones de la vida romana y constituían estaciones militares. Otras eran ciudades libres como Antioquía en Siria y otras eran capitales de la provincia como Efeso. Cada una tenía su propia forma de gobierno como los politarcos de Tesalónica y los estrategos de Filipos.

10. Militarismo.

Fué el ejército el que rigió al pueblo. Había también una gran marina que cooperaba con el ejército. Este había tenido la tendencia constante de reunirse alrededor de su general y arrastrarlo al campo de acción. Las prolongadas guerras civiles entre Sila y Mario, César y Pompeyo, Octavio y Antonio habían debilitado grandemente al imperio y quebrantado la fuerza del ejército. Principió entonces el agotamiento a ser notorio y el ejército vino a ser mercenario, es decir, quedó formado por soldados alquilados, quienes llegaron a imponer a los emperadores y a dominar al senado. Con la ayuda del ejército y de la marina, el emperador conservó al pueblo bajo su dominio y sostuvo a raya por algún tiempo, a los alemanes y a partos. Pero el militarismo que hizo grande a Roma, acabó por minar su vida y fué incapaz para retener lo que había ganado.

11. Las Provincias.

El gobierno era imperial y provincial. El crecimiento de la ley romana fué lento; pero vino a ser la base de toda la jurisprudencia moderna. Bajo la república, el senado gobernó al país con varios oficiales (cónsul, tribuno, pontífice máximo, etc.), y procónsules para las provincias. Cuando el imperio substituyó a la república, había dos clases de provincias (senatoriales e imperiales). Las provincias senatoriales estaban a la disposición del senado y el oficial era llamado procónsul como en Acaya. Las provincias imperiales estaban bajo el dominio del emperador y el oficial era llamado propretor, como en Siria. A veces una provincia era cambiada de un rango a otro, como en el caso de Chipre, la cual fué senatorial mientras que Sergio Paulo fué procónsul, aunque antes había sido imperial y también después. El gobierno, en ese tiempo, varió mucho según el carácter del procónsul o propretor. Judea era una provincia imperial subordinada con un procurador durante el ministerio de Jesús, aunque fué un reino vasallo bajo Herodes el Grande, cuando Jesús nació.

12. Augusto César.

Cuando Octavio derrotó a Antonio en la batalla de Accio, año 31 A. C., vino a ser gobernador del oriente, así como también del occidente. Pero como Julio César cuando venció a Pompeyo en Farsalia, año 48 A. C., rehusó ser llamado rey (Rex). Era sobrino de Julio César y era igualmente hábil y político para preservar las formas de la república al mismo tiempo que concentraba todo el poder en sí mismo. El senado subsistió, pero su obra consistió principalmente en la ratificación de los deseos de Octavio. El oficio de dictador fué abolido; pero Octavio se atribuyó gradualmente todas las funciones y títulos principales. Llegó a ser Prefecto de la Moral y luego Príncipe del Senado. Entonces se le dió el título de Augusto (venerado) y fué electo cónsul repetidas veces. También fué hecho Tribuno del pueblo y fué nombrado Pontífice Máximo. Finalmente todos estos poderes fueron reunidos en el título de Imperator (general) y la república fué realmente muerta. Kaiser y Czar son variaciones modernas de la palabra César, como Emperador es de Imperator. Augusto reinó hasta el año 14 D. C. En general, fué un gobernante discreto y demostró sabiduría en los hombres que reunió en su derredor como Mecenas y Agripa. Instituyó muchas reformas e hizo algunos progresos reales. Uno de sus actos fué un censo periódico, que como sabemos por los papiros, se levantaba cada catorce años. El nacimiento de Jesús en Betlehem, en lugar de Nazareth, se debió al levantamiento de este censo, porque se exigía que las personas comparecieran en su pueblo nativo (el del padre). Este censo no tenía por objeto imponer contribuciones, sino que era un registro con varios propósitos.

Por este censo, Augusto llegó a saber que en su imperio tenía cuatro millones de ciudadanos romanos. Le profesaba un intenso cariño a Herodes el Grande, el cruel rey de Judea.

13. Los Judíos de la Dispersión.

Uno de los rasgos más notables del mundo romano, fueron los grupos de judíos en todas las ciudades principales y en muchas de las de menor importancia. Esta dispersión fué debida en primer lugar a la cautividad asiria y babilónica y en segundo lugar a la conquista de Alejandro. Los que volvieron a Jerusalem bajo el imperio de Ciro, no constituían sino un puñado comparado con el resto. Alejandro el Grande y sus sucesores, fueron bondadosos para con los judíos y especialmente en Antioquía de Siria y Alejandría les fueron concedidos privilegios especiales. Se dedicaron con ardor al comercio y vinieron a ser banqueros y negociantes y hasta la actualidad han conservado el dinero del mundo en su poder. Florecieron en Babilonia donde había varios millones de ellos. Un millón más vivía en Alejandría y en Egipto. En la mayor parte de las ciudades, aun en Roma, se les dieron barrios especiales y en esta última población ni los frecuentes destierros redujeron su número. Los gentiles los odiaron a causa de su rivalidad comercial y su prosperidad y también a causa de su exclusivismo religioso y social. Representaban a todas las doce tribus (Santiago 1:1) y gradualmente se movieron al occidente a lo que ahora es Europa moderna (Véase Act. 2:6-11 para una descripción de las regiones donde los judíos vivían). No hay tribus "perdidas;" los judíos modernos representan a todas las tribus. Los de la Dispersión Oriental en Babilonia, permanecieron, como los de Palestina (judíos palestinos o aramaicos), más distintivamente separados y fieles a las tradiciones de sus padres en las costumbres sociales (judíos aramaicos). Los de la Dispersión Occidental, con Alejandría como centro, fueron más suceptibles a la cultura griega, hablaron el **Koiné** y leían la traducción de los Setenta del Antiguo Testamento. No fueron helenizados, pero fueron judíos helenistas. Entre los primitivos cristianos en Jerusalem, había ambas clases de judíos (helenistas y hebreos o aramaicos). Los judíos helenistas del oeste eran en lo general, fieles a las costumbres religiosas de sus padres. Algunos, como Pablo, llegaron a ser hasta ciudadanos romanos; pero no obstante, se gloriaban aún en la historia y esperanza de Israel. Aun Filón en Alejandría, devoto como era a la filosofía griega, insistió en que los ritos y ceremonias judías fueran observados. Pasaron los cien años de la independencia macabea y Judea fué otra vez un país avasallado. Asiria, Babilonia, Persia, Alejandro el Grande, Egipto y Siria, habían regido sucesivamente a Judea desde la Cautividad.

———o———

TOPICOS PARA LA REVISTA

1. Los principales países conquistados por Roma.
2. Causas del cambio de República en Imperio.
3. Influencia de Grecia en el imperio.
4. Religión en el mundo romano.
5. Cultura del pueblo.
6. Tipos de Filosofía.
7. El uso de las riquezas.
8. Las principales ciudades.
9. El ejército y la marina romanos.
10. Ciudadanos y esclavos.
11. El Emperador Augusto.
12. Los judíos en la Dispersión.

CAPITULO II.

LA VIDA EN PALESTINA EN EL SIGLO PRIMERO A. D.

1. Gobierno Romano.

Fué en el año 63 cuando Pompeyo el Grande, volviendo de la guerra con Mitrídates de Ponto intervino en la rivalidad entre Aristóbulo II, el campeón de los saduceos y Juan Hircano II, el líder de los fariseos y el débil instrumento del astuto aventurero idumeo, Antipater, el padre de Herodes el Grande. El resultado fué la derrota de Aristóbulo, la captura de Jerusalem por Pompeyo, quien entró al templo hasta el Lugar Santísimo para ver lo que había allí. Retuvo el gobierno civil de Roma, pero dejó a Hircano como Sumo Sacerdote. Pasaron los cien años de la independencia macabea y Judea fué otra vez un país avasallado. Asiria, Babilonia, Persia, Alejandro el Grande, Egipto y Siria, habían gobernado sucesivamente a Judea desde la cautividad. Sin embargo, la victoria de César sobre Pompeyo en Farsalia, año 48 A. C., dejó a Hircano en el lado malo, pero Antipater ayudó sagazmente a Julio César contra Mitrídates, quien había venido a Egipto, y así conservó su poder y conquistó el favor de César para Hircano. Los romanos habían derrotado a Antíoco el Grande en Magnesia, en el año 190 A. C., ganando así la mayor parte del Asia Menor. Ahora, dominan en Egipto, Palestina y toda la Siria. Gobiernan la Palestina, en lo general, con clemencia y moderación hasta que los fanáticos judíos (los celadores), levantaron una revolución contra ellos. El gobierno varía en su forma y en sus designios. Ora tiene el país un rey vasallo como Herodes el Grande, ora etnarca, como Arquelao, o un procurador como Pilato. Ora toda la Palestina está bajo un solo gobierno; ora está subdividida; pero Roma nunca descuida, ni por un momento, su dominio sobre el país. Hay soldados romanos en Jerusalem, en Cesarea y en dondequiera que se necesitan. Se usa la moneda romana; se pagan impuestos romanos y César es el rey, sea quien sea el rey titular. El idioma latino se usa en las cortes, en los documentos legales y para los términos financieros y militares. Algunos de ellos aparecen en el Nuevo Testamento (como legión, centurión).

2. Influencia Griega.

La revolución macabea 167 A. C., fué debida a un esfuerzo para helenizar a los judíos, hecho por Antíoco Epifanes, el rey seléucido de Siria, quien sucedió a Alejandro el Grande. Esta parte de su gran imperio era griega. Antíoco Epifanes estaba muy airado contra los judíos de Alejandría porque no le ayudaron en su ataque contra ésta. Cuando los romanos le ordenaron que saliera de Egipto, con gran furia descargó su ira sobre Jerusalem. Destruyó los altares de Jehová e introdujo el culto de Zeus mandando a todos los judíos que adorasen a éste, que comieran la carne de los puercos y que la sacrificaran a Zeus. Sus esfuerzos originaron una gran oposición de parte de Mathatías y sus hijos (Judas, Jonatán, Simón). Ellos ganaron finalmente una libertad religiosa y política, pero sus sucesores (Aristóbulo I, Alejandro Janeo) se hicieron en ese tiempo filhelenistas e introdujeron muchas costumbres griegas entre el pueblo. Herodes el Grande construyó teatros griegos y un gimnasio en Jerusalem y protegió el helenismo tanto que a pesar de la resistencia de los fariseos, la influencia griega se dejó sentir en distintas partes del país. La región de Decápolis era griega en gran parte. En Galilea había muchos que hablaban el griego. Las ciudades de la costa estaban abiertas a la vida griega así como lo estaban las ciudades alrededor del Mar de Galilea. Muchas gentes en los pueblos y en las ciudades hablaban el griego y este idioma se entendía en Jerusalem. Jesús habló probablemente tanto el griego como el aramaico. Era un país bilingüe en su mayor parte.

3. Herodes el Grande.

Este famoso idumeo nació el año 74 A. C. y murió el año 4 A. C., poco después del nacimiento de Jesús. Debió el principio de su prosperidad a la astuta diplomacia de Antipater, su padre, quien ganó el favor de Julio César. César lo dejó como una especie de representante personal para vigilar a Juan Hircano II, quien era etnarca titular y sumo sacerdote. Antipater asumió el control de los asuntos civiles y nombró a Herodes, aunque tenía solamente 25 años de edad, gobernador de Galilea. Pronto se acarreó dificultades él mismo, ejerciendo el poder de vida y muerte en la ejecución de Ezequías, un perjuicioso ladrón, sin consultar al Sanedrín. Fué procesado ante el Sanedrín y escapó con vida, pero nunca se olvidó de la afrenta hasta que pudo vengarse. Después de la muerte de Julio César y de la derrota de Bruto y Casio en Filipos, año 42 A. C., Herodes logró astutamente hacer amistad con Antonio, quien recibió el Oriente como su parte en la victoria y fué nombrado Tetrarca de Judea, el año 41 A. C., con Hircano como sumo sacerdote. Los partos sin embargo, arrojaron a Herodes de Jerusalem y proclamaron como Rey a Antígono hijo de Aristóbulo. En su huída Herodes estuvo a punto de suicidarse a causa de su desesperación y apresuramiento, pero finalmente se dirigió a Roma para pedir el favor de otro Aristóbulo, el hermano de Mariamna (nieta de Hircano) la cual era prometida de Herodes. Pero por el favor de Antonio y Octavio, el año 40 A. C., se hizo nombrar rey de Judea por el senado romano. Le costó tres años ganar la corona (año 37 A. C.) arrojar a los partos y deshacerse de Antígono a quien asesinó. Se casó con Mariamna y tuvo en resumidas cuentas diez esposas. A Hircano le habían cortado las orejas, por lo que de ningún modo pudo ser más Sumo sacerdote. Herodes mandó matar a todos los miembros del Sanedrín con excepción de dos (Hillel y Shammai). Hubo una amarga disputa con Alejandra, la madre de Mariamna y Aristóbulo, por haber mandado ahogar a éste. Finalmente mandó asesinar a Hircano, Mariamna, Alejandra y los dos hijos de Mariamna (Alejandro y Aristóbulo).

Su hermana, Salomé, causó muchos de estos crímenes, y al fin causó la muerte de Antipater, otro hijo. Herodes era gran edificador de ciudades, y procuró agradar al Emperador Augusto Octavio, cuyo favor compró después de la derrota y muerte de Antonio. Pero causó el enojo de los judíos por su adulación a Augusto, por sus tendencias hacia el helenismo, por sus reparaciones del templo (no obstante que lo hizo espléndido), y por sus crueldades. Modificó su testamento muchas veces y al fin murió en grande agonía, después de dar instrucciones para que muchos de los judíos principales fuesen muertos para que hubiera lloro en sus funerales. Joséfo no hace mención de la matanza de los niños de Bethlehem, pero esa es un mero incidente en su vida sanguinaria.

4. Los Sucesores de Herodes.

Su testamento fué cumplido en su mayor parte. Arquelao había de ser rey de Judea (con Idumea) y Samaria, pero esto dependía de la confirmación del Emperador Augusto. Salomé tenía celos, y se opuso a la confirmación. Al fin Arquelao fué hecho etnarca con la promesa del título de rey si hacía por merecerlo; pero no lo hizo y en 6 A. D., diez años después de su nombramiento, fué depuesto y desterrado. Judea es gobernada por procuradores romanos desde 6 A. D. hasta 42 A. D., cuando Herodes Agripa I es rey hasta 44. A. D. Entonces vuelven a gobernar procuradores hasta 70 A. D., cuando fué dividido el reino de Herodes el Grande.

Arquelao recibió como la mitad. Herodes Antipas fué hecho tetrarca de Galilea y Perea, cuyo puesto ocupó desde 4 A. C. hasta 39 A. D. Fué mejor gobernador que Arquelao, y cuando José en Egipto supo del cambio en el testamento de Herodes, por el cual Arquelao gobernaba en Judea, volvió a Nazaret en lugar de Bethlehem. Jesús pasó la mayor parte de su vida en el país de Herodes Antipas. Este se divorció de su esposa, la hija de Aretas, rey de Arabia, para casarse con Herodías, mujer de Herodes Felipe, otro hijo de Herodes el Grande, siendo ella tambíen nieta de Herodes el Grande. Herodes Antipas y Herodías son los culpables de la muerte de Juan el Bautista. Felipe, tetrarca de Traconite e Iturea es otro hijo de Herodes el Grande, y el mejor de todos ellos como gobernador. Gobernó desde 4 A. C. hasta 34 A. D. Jesús estaba en su territorio cuando estaba en Bethsaida y Cesarea de Filipos. La población de Palestina no fué de ninguna manera judía en su totalidad aunque éstos predominaron. Había muchos griegos en Decápolis, Tracone, Perea, Galilea, y en partes de Judea. Los samaritanos no eran sino medio judíos y fueron más odiados con ese motivo. Los idumeos habían llegado a adoptar las costumbres de los judíos. Además de éstos hubo filisteos.

5. Poncio Pilato.

Coponio fué el procurador romano que sucedió a Arquelao cuando éste fué destituido del puesto de etnarca. Gobernó desde 6 A. D. hasta 9 A. D. Luego vino Marco Ambivio (9-12), Anio Rufo (12-15), Valerio Grato (15-26). Pilato duró más tiempo que ningún otro (26-36), y su gobierno coincidió con el ministerio de Jesús y el período apostólico hasta la conversión de Saulo de Tarso. Pilato era oportunista, corrupcionista y de carácter débil. Deseaba mucho el favor de los judíos, pero logró su desprecio y odio. Los irritó trayendo a soldados de Cesarea (la capital política de Judea en este tiempo) y metiéndolos a Jerusalem con sus estandartes adornados con bustos del Emperador Tiberio. Puso en el palacio de Herodes escudos de oro que tenían inscripciones. Usó el dinero sagrado llamado corbán (Mar. 7:11), para construír un acueducto de como cincuenta millas de largo. Mató a algunos galileos mientras ofrecían sacrificios en el templo, de modo que su sangre se mezcló con los sacrificios (Luc. 13:1). En el juicio de Jesús al fin cedió a la amenaza de los jefes eclesiásticos de que informarían a César que había puesto en libertad a un hombre acusado de alta traición (Juan 19:12), después de declarar repetidas veces la inocencia de Jesús (Luc. 23:4, 22; Juan 19:4). Así se quedó en su puesto vendiendo su honor. Los judíos guardaron silencio acerca de él, pero es cosa curiosa que al fin se le ordenara pasar a Roma, el año 36 A. D. por las quejas de los samaritanos de la crueldad que practicaba con los adherentes de un samaritano que pretendía ser el Mesías. Eusebio relata que, llegando a Roma, después de la muerte del Emperador Tiberio, sufrió infortunios tan grandes en el reinado de Cayo Calígula (37-41 A. D.), que se suicidó en el destierro. El Monte Pilato, al lado del Lago Lucerna en Suiza, es el lugar tradicional de su muerte, y una leyenda dice que su fantasma se aparece en el lado de la montaña lavándose las manos siempre que se levanta una tempestad en la montaña. Durante todo el dominio romano en Judea un partido de herodianos proyectaba la restauración de los Herodes.

6. Los Dos Herodes Agripa.

Estos figuran en los Hechos de los Apóstoles de modo que necesitan mencionarse brevemente. Herodes Agripa I era el nieto de Herodes el Grande y Mariamna, la princesa macabea, e hijo de Aristóbulo. Fué educado en Roma donde fué compañero de juegos del nieto de Tiberio (Tiberio) y de Calígula, hijo de Germánico, sobrino del Emperador. Era disipador y pendenciero, logrando vivir a expensas de sus parientes, y tenía siempre grandes deudas. Al fin fué encarcelado por Tiberio por haber hablado insolentemente con el joven Calígula, el cual, a su turno, al venir a ser emperador (37 A. D.) puso a Agripa en libertad y lo hizo rey de la tetrarquía de Iturea y Traconite (gobernada hacía poco por Felipe), y también de Judea y Samaria. Los celos de Herodías por este giro de negocios hicieron que su marido Herodes Antipas, fuese destituído de la tetrarquía de Galilea y Perea, 42 A. D., de modo que desde 42 hasta 44 A. D., Palestina volvió a ser unida bajo el dominio de un rey macabeo. Reedificó los muros de Jerusalem hasta que el Emperador le detuvo. Procuró agradar a los judíos persiguiendo a los cristianos, inaugurando el primer ataque del estado sobre el cristianismo apostólico. Mató al apóstol Santiago, hermano de Juan, y encarceló a Pedro (Hechos 12:1) pero su muerte repentina y vergonzosa puso fin a su carrera (Hechos 12:20-23). Su joven hijo, Herodes Agripa II, por su juventud (pues no tenía sino diez y siete años), no fué nombrado rey de Palestina, que vino a ser provincia romana con Cuspio Fado por procurador en 44 A. D. El joven Herodes Agripa II recibió la tetrarquía de Calcida, y en 53 A. D. la entregó para recibir las tetrarquías de Felipe y de Lisanias. Tuvo la superintendencia del templo en Jerusalem. Sin embargo, fué partidario de los romanos en la guerra y murió como el año 100 A. D., siendo el último de los Herodes que gobernaron. El discurso de Pablo ante este rey no fué en ningún sentido un juicio, sino una especie de cortesía hecha por Festo al gobernador judío cuando vino de visita de Cesarea de Filipos a Cesarea. Tuvo por mujer a su hermana Berenice así como su otra hermana Drusila vivía con Félix (Hechos 26).

7. El Templo.

El templo en Jerusalem fué la corona y gloria de Israel, y no meramente de Jerusalem. Situado en el Monte Moria, dominaba la ciudad. El edificio fué erigido primero por Salomón, y **fué destruído** por Nabucodonosor. El segundo templo fué erigido por Zorobabel y duró hasta el tiempo de Herodes el Grande. Este construyó el tercer templo, o más bien lo comenzó, 19 A. D. No fué acabado hasta el año 65 A. D. y fué destruído por Tito en el año 70 A. D. Los judíos eran tan celosos del templo que no consintieron que Herodes el Grande lo derrumbara. Por esto fué reedificado en secciones, y el trabajo ya había durado cuarenta y seis años cuando Jesús vino a la Pascua en 26 A. D. (Juan 2:20). El santuario incluía el lugar santo y el lugar santísimo, según el modelo del tabernáculo. El atrio de Israel lo circundaba. En seguida y más bajo se hallaba el atrio de las mujeres; más bajo aún estaba el atrio de los gentiles. La torre de Antonia en el rincón noroeste fué ocupada por soldados romanos. Los muros orientales miraban hacia el valle de Josafat, así como los del sur dominaban el valle de Hinom (Gehena), donde el fuego consumía las inmundicias de la ciudad. Las grandes fiestas atraían multitudes a la ciudad y el culto tenía su centro en el templo. Las horas de oración eran las nueve, las doce y las tres. Los sacerdotes servían por turnos (cotéjese Zacarías) y se observaba un ritual complicado. Había ofrendas por pecados de omisión y de comisión, para los ricos y los pobres. En el atrio de los gentiles había puestos para las ovejas y palomos, y allí los cambiadores tenían sus mesas para comerciar con los judíos de la Dispersión. La vida religiosa y social de los judíos tenía su centro en este maravilloso y glorioso templo. Sentían que la misma presencia de Jehová cubría el propiciatorio. Sólo al sumo sacerdote le era permitido entrar al lugar Santísimo, y eso sólo una vez al año.

8. Las Grandes Fiestas.

La fiesta de purim (cotéjese Esther 9:26) venía un mes antes de la Pascua, y se observaba en casa o en la sinagoga de la población donde se vivía. Era ocasión de regocijo por la suerte de Amán y el rescate de los judíos de su conspiración. La fiesta de la pascua se observaba en la primavera y se variaba cada año con la luna nueva. Conmemoraba el libramiento de Egipto y era la gran fiesta del año, siendo seguida por la fiesta de los panes sin levadura, después de la ofrenda del cordero pascual y duraba una semana. Todos los judíos que podían hacerlo venían entonces a Jerusalem, llegando con frecuencia a muchos centenares de miles. La fiesta del pentecostés se observaba cincuenta días más tarde. Esta era la fiesta de las primicias. Como a fines de septiembre observaban la fiesta de los tabernáculos (o enramadas), cuando el pueblo venía y posaba en enramadas en señal de gratitud por las siegas del año. El Día de la Propiciación (llamado a veces el Día del Año Nuevo) era el día más solemne del año para los judíos, la corona del sistema levítico, cuando el sumo sacerdote hacía su entrada anual al Lugar Santísimo. Hacia fines de diciembre tenían la fiesta de la dedicación, en honor de la re-dedicación del templo por Judas Macabeo, después de su purificación de la profanación hecha por Antíoco Epifanes.

9. El Sanedrín.

Este tribunal supremo de los judíos estaba compuesto de setenta y un miembros, y los miembros se llamaban ancianos. Tanto los Fariseos como los Saduceos podían pertenecer a él, y existía mucha rivalidad. Los miembros eran del número de los príncipes de los sacerdotes y escribas. Un poco antes del juicio de Jesús el poder de vida y muerte fué quitado al Sanedrín, reservándose para el procurador romano. En los Evangelios y Hechos Caifás el sumo sacerdote es el presidente del Sanedrín.

10. La Sinagoga.

Una de las grandes instituciones del judaísmo era la sinagoga que se originó durante el destierro en Babilonia, cuando el pueblo se vió privado del privilegio de adorar en el templo. Era tanto una escuela bíblica como un lugar para adorar. Un nombre común para ella era "lugar de oración" (cotéjese Hech. 16:13). En donde quiera que había suficientes judíos había una sinagoga. Cuando no había suficientes judíos, como en Filipos, el lugar de la oración podía estar fuera de la población, junto a un arroyo, para así facilitar las abluciones ceremoniales. En algunos casos el edificio estaba fuera de la población por la oposición de las autoridades municipales, como en Babilonia al principio, o con el fin de evitar las contaminaciones de la ciudad gentil. Pero la costumbre sobre este punto era variable. A los judíos les gustaba adorar junto a la mar. En Jerusalem había como cuatrocientas sinagogas. Varios grupos de judíos en la ciudad, como los cirineos, alejandrinos, y los de Cilicia, tenían distintas sinagogas (Hech. 6:9). Había "un príncipe de la sinagoga" que se encargaba del culto y de la enseñanza. Tenían servicios el Sábado y una o dos veces durante la semana. Se les enseñaba a los jóvenes el Antiguo Testamento (como en nuestra escuela dominical). El Antiguo Testamento se leía en el hebreo y se explicaba en el aramaico. En las comunidades donde se entendía el griego, la Escritura se leía en este idioma. Se daba oportunidad para explicar la Escritura que se había leído. Jesús y Pablo a menudo se aprovecharon de este privilegio para predicar el evangelio. Al principio los cristianos continuaron adorando en las sinagogas, pudiendo así influir en muchos gentiles también que acudían a ellos.

11. El Cánon.

Los judíos de Palestina tenían una colección triple de Escrituras hebreas (la ley de Moisés, los profetas y los salmos, Luc. 24:44), que corresponde prácticamente con el actual Antiguo Testamento. Había una diferencia de opinión acerca de Ecclesiastés y el Cantar de los Cantares de Salomón. En Alejandría y en todas partes del occidente, donde se usaba la Septuaginta, se agregó la Apócrifa del Antiguo Testamento. La Septuaginta circulaba también en Palestina y se cita en el Nuevo Testamento con más frecuencia que el texto hebreo. Pablo y Santiago, en particular, parecen conocer también algunos de los libros de la Apócrifa del Antiguo Testamento. Había también un número de apocalipsis según el modelo de Daniel que se usaban extensamente, aunque no eran parte del canon. Estos libros (como 2 Esdras, el libro de Enoc, Testamentos de los Doce Patriarcas, y los Oráculos Sibilinos Judaicos) fueron presentados con el nombre de santos más antiguos para granjearse la atención y son de fechas dudosas. Presentan el aspecto menos ceremonial y formal y más apasionado y espiritual de la vida judaica. Apelan de las aflicciones de la actualidad a las promesas del bien futuro (escatología) y hacen mucho uso de símbolos (cotéjese el Libro de la Revelación). Los Targums son paráfrasis o interpretaciones del Antiguo Testamento hebreo en el aramaico. El Talmud consiste de la Mishna (comentario sobre el Antiguo Testamento), y la Gemara (comentario sobre la Mishna), pero nada de él se escribió hasta 200 A. D.

12. La Ley Oral.

La instrucción (llamada Midras) acerca de los libros canónicos era de esta clase. La Halaka era obligatoria (reglas de conducta), la Hagada era ilustrativa o anecdótica y no obligatoria. Esta ley oral fué la tradición de los ancianos que los judíos del tiempo de Cristo llegaron a poner en lugar del Antiguo Testamento (Mar. 7:9, 13). Taparon la Palabra de Dios con sus comentarios sobre ella, al fin vinieron a pensar que el comentario era de más valor que el texto mismo. De esto resultó por último el Talmud, cuando mucho de él fué escrito. Llegaron a afirmar que la ley oral había sido dada por Moisés. La mayor parte de esta enseñanza oral es extremadamente tediosa y minuciosamente cavilosa sobre puntos de poca importancia.

13. Los Escribas.

Estos maestros de la ley no se conocen en el Antiguo Testamento. Se originaron durante el destierro. Son estudiantes y maestros de la ley oral y escrita y corresponden a los predicadores y abogados modernos combinados. A veces son llamados doctores de la ley. Constituían una clase poderosa de maestros profesionales y educaron discípulos para llevar adelante su obra. Por lo regular eran Fariseos, pero no siempre, así como los sacerdotes levitas eran generalmente Saduceos.

14. Dos Escuelas de Teología.

En Jerusalem los Fariseos tuvieron dos escuelas de teología, llamadas respectivamente la escuela de Hillel y la escuela de Shammai. Hillel fué el abuelo de Gamaliel I, que fué maestro de Pablo. Su escuela representa un tipo más liberal del Farisaísmo que la de Shammai, la cual sigue una interpretación más estricta. A veces son llamados los "Dos Pares." Las escuelas se reunían en los atrios del templo, y los rabíes enseñados allí en la ortodoxia farisaica corriente eran los que se oponían a las enseñanzas de Jesús. Desaprobaron los escritores apocalípticos así como a los Saduceos. Ambas escuelas eran bastante estrictas desde el punto de vista de Filón de Alejandría.

15. Los Fariseos.

Esta secta fué originalmente, así como la de los Saduceos, también un partido político, hasta que los romanos se apropiaron de todos los negocios del estado. Su origen es obscuro, pero eran los expositores del judaísmo tradicional, oponiéndose a las tendencias helenísticas de los tiempos y la posición estricta de los Saduceos contra la ley oral. Los Fariseos y Saduceos rivalizaron mucho para alcanzar poder político bajo los últimos Macabeos. Al fin los Fariseos lograron ser oídos por las masas y fueron agresivos en la defensa y promulgación del judaísmo. Las dos escuelas de Hillel y Shammai representan dos tendencias que aparecen en los Evangelios. Algunos Fariseos parecen ser amistosos para con Jesús (escuela de Hillel), otros son violentamente hostiles (escuela de Shammai). Es probable que éstos sean los que son especialmente denunciados como hipócritas por Juan el Bautista y Jesús. Pero las dos escuelas daban énfasis a lo externo y ceremonial, descuidando lo interno y espiritual. Esperaban un Mesías político y un reino de Dios político. La mayor parte de la enseñanza farisaica es, por supuesto verdadera.

16. Los Saduceos.

Por lo regular éstos son negativos en el rechazamiento de la ley oral, negación de la resurrección y la existencia de ángeles, de la soberanía divina y de la vida futura, todo lo cual afirmaron los Fariseos. Se hicieron también campeones de la cultura greco-romana, ganaron la mayor parte de la clase sacerdotal, y eran una especie de aristocracia religiosa e intelectual. Anás y Caifás y casi todos los demás sumos sacerdotes eran Saduceos. Su número era corto, pero tenía influencia.

17. Los Esenios.

Esta secta curiosa se retiró al desierto de Judea, renunciando el matrimonio; se guardó lejos del templo, y fué un grupo místico que combinó las creencias farisaicas con la filosofía pérsica y griega y la religión oriental (el culto del sol). Eran ascéticos en su manera de vivir y fatalistas en doctrina (oponiéndose a los Saduceos), mientras los Fariseos sostenían la soberanía divina y el libre albedrío del hombre. El esfuerzo para probar que Juan el Bautista era esenio no ha tenido éxito.

18. Los Publicanos.

Los romanos empleaban una clase de hombres llamados publicanos (siervos públicos, **publicani**) para recaudar sus impuestos. Los judíos que hicieron esto eran odiados y eran mirados casi como traidores. Además de esto, muchos de ellos se valieron de la extorsión y el fraude y oprimieron mucho al pueblo (cotéjese la acusación hecha por Juan el Bautista y la confesión de Zaqueo). Por esto la opinión pública los consideraba unidos con "pecadores" y "rameras."

19. La Agricultura.

Palestina era un país agrícola, la tierra del olivo, de la higuera y la vid. En los valles se cultivaban el trigo y cebada. El suelo era fértil cuando se manejaba propiamente, y los judíos eran hábiles agricultores. Tenían muchas ovejas así como cabras. La vida del pastor era típica de la región montañosa. Fué en la Dispersión cuando los judíos aprendieron a ser mercaderes y banqueros.

20. La Condición de las Mujeres.

Esta era mucho mejor que en la mayor parte de los países orientales. Era una gloria ser madre, y los hijos eran contados como tesoros del Señor. Las mujeres no eran consideradas malditas ni tratadas como esclavas. Eran las hacedoras del hogar y las maestras de la juventud. De vez en cuando (como María y Débora) llegaron a ser líderes, pero en Palestina las mujeres no habían conquistado la libertad que el cristianismo les ha dado. Jesús se levantó sobre las preocupaciones de su tiempo en su actitud para con la mujer.

21. Los Celadores y la Destrucción de Jerusalem.

Este tremendo acontecimiento acaeció 70 A. D., cuando Tito el general romano venció a los judíos que se habían sublevado contra Roma. Los Celadores fueron los responsables de esta rebelión con su triste resultado. La caída de Jerusalem con la destrucción del templo señaló una nueva era en la historia judaica. Los Saduceos desaparecieron. Desapareció el magnífico culto del templo.

El judaísmo tuvo que ajustarse a la nueva relación con el cristianismo y el paganismo. El estado judío ya se había acabado.

22. Lista de Emperadores Romanos en el Primer Siglo.

Augusto hasta 14 A. D.; Tiberio hasta 37 A. D.; Calígula hasta 41 A. D.; Claudio hasta 54 A. D.; Nerón hasta 68 A. D.

Después de Nerón se tuvieron los reinados breves de Galba, Otho, y Vitelio.

Vespaciano fué hecho emperador en 69 A. D.; Tito fué hecho emperador en 79 A. D.; Domiciano fué hecho emperador en 81 A. D.; Nerva fué hecho emperador en 96 A. D.; Trajano fué hecho emperador en 98 A. D.

———————o———————

TOPICAS PARA LA REVISTA.

1. Fecha de la conquista de Palestina.
2. Procónsul, propretor, procurador.
3. Los Herodes.
4. Los idiomas usados en Palestina.
5. Divisiones de Palestina durante el ministerio de Jesús.
6. Poncio Pilato.
7. Las fiestas.
8. El Sanedrín.
9. La sinagoga.
10. La literatura judaica.
11. Las Tradiciones de los Ancianos.
12. Los escribas.
13. Enseñanza Teológica.
14. Los Fariseos.
15. Los Saduceos.
16. Los esenios.
17. La vida social en Palestina.
18. Destrucción de Jerusalem.
19. Emperadores romanos del primer siglo A. D.

PARTE II
LA VIDA DE CRISTO.

CAPITULO III.

EL PRECURSOR.

1. Zacarías (Luc. 1:5-23, 62-79).

El cuadro de este sacerdote anciano esperando su turno para servir en el templo es una ilustración de cómo Dios procede con los hombres. Tenía que cumplir con su deber en la forma ordinaria, y haciéndolo así encontró al ángel Gabriel con su mensaje. Así la era novotestamentaria empezó con un acontecimiento sobrenatural. Dios extendió su mano para preparar un camino de justicia para los hombres: el evangelio de gracia que había de tomar el lugar de la esclavitud de la ley. La duda de Zacarías fué castigada haciéndole mudo por una temporada. La gente supo, por sus señas, que había visto una visión. El mensaje del ángel describió con rasgos grandes la obra del hijo prometido. Zacarías era ya viejo antes de que fuera llamado a servir en el templo. Era justo y recto, y muestra en su discurso, cuando fué suelta su lengua al nombrar a Juan, un rico conocimiento de los profetas y un entendimiento espiritual de la obra de la redención. El ciertamente no fué Saduceo escéptico ni Fariseo reaccionario. Podría haber estado bajo la influencia de los escritos apocalípticos hasta que fuese lleno del Espíritu Santo. Su piedad era de un tipo genuino.

2. Elisabet (Luc. 1:5, 24, 39-45, 57-61).

Esta señora anciana se portó noblemente en su día de orgullo y gloria. Fué llena del Espíritu Santo, y reconoció el propósito de Dios acerca de sí misma y de María.

El encuentro de estas dos mujeres fué un gozo santo. Evidentemente se le había dicho el mensaje de Gabriel a Zacarías (por escrito, pues él estaba mudo), y lo creyó cabalmente, y por esto insistió en dar al niño el nombre de Juan. Era digna de ser madre del gran reformador y predicador y de andar al lado de Zacarías.

### 3.	El Hogar en la Serranía (Luc. 1:39).

En alguna parte de la región montañosa de Judea vivió esta pareja piadosa. Allí criaron al hijo de la promesa con esperanza ardiente en sus corazones. Deberíamos pensar en muchas lecciones bíblicas, muchos paseos en los cerros, muchas pláticas acerca del propósito de Dios acerca del jovencito. Inevitablemente Zacarías y Elisabet sintieron dolor en el corazón, porque por su misma edad estaban seguros de que no vivirían para ver el cumplimiento de la promesa en la obra de Juan. Sólo podrían criarle por Dios y entonces irse, pero podrían irse con fe y confianza.

### 4.	Esperando en el Desierto (Luc. 1:80).

Poco se narra de estos años. "Estuvo en los desiertos hasta el día que se mostró a Israel (Luc. 1:80). Es prácticamente seguro que Juan esperara hasta la muerte de sus padres antes de irse a los desiertos. Quizás ellos le hubieran sugerido este curso como una preparación conveniente para su grande obra. Allí podría reflexionar en las profecías del Antiguo Testamento, tener comunión con Dios, y escudriñar su propio espíritu. Los esenios moraban en ciertas partes del desierto de Judea, pero no hay evidencia de sus doctrinas peculiares en la predicación de Juan. Por necesidad siguió una vida abstinente, sencilla y saludable. El desierto dejó muchas señales en su predicación en las ilustraciones sacadas de la vida (las víboras, las rocas, el árbol, la hacha, etc.) Es difícil esperar, pero Juan quedó en espera de oir el llamamiento a que predicara. Cumplió treinta años antes de que lo oyese.

5. Predicando en el Desierto (Mat. 3:1-4; Mar. 1:2-4; Luc. 3:1; Juan 1:23).

La palabra del Señor vino a Juan y estaba listo. Había escuchado ansiosamente deseando oirla. Vino a la provincia de alrededor del Jordán, yendo más al norte para estar cerca del agua. El desierto de Judea abrazaba como la tercera parte de aquella tierra. Se extendía desde un poco al norte de Jericó hasta el extremo meridional del Mar Muerto. No carecía de vegetación, y vivía allí alguna gente por más desolada que fuese. El Río Jordán es uno de los rasgos principales de Palestina. Había muchos vados convenientes para el bautismo de grandes multitudes. Juan era una figura notable en su tosco vestido de pelos de camello recordando a sus oyentes, a Elías. Fué una predicación solitaria y triste, pero creía sinceramente en su misión. Se atrevió a anunciar una nueva era, y llamar a los hombres al arrepentimiento. Hizo esto antes de ver al Mesías o conocerle en persona. Tuvo fe sublime en el mensaje de Dios. Reclamó el cumplimiento de la profecía de Isaías, anunciando el advenimiento del reinado mesiánico, la realización de la esperanza que había animado a Israel en sus horas más lóbregas. El mismo denuedo del hombre causó sensación. Pronto toda Judea y Jerusalem había ido al desierto para ver y oir a este predicador tan nuevo y extraño de los montes.

6. Reprendiendo al Siglo. (Mat. 3:5-10; Mar. 1:4-6); Luc. 3:3-14).

Como los profetas de la antigüedad reprendió duramente al pueblo por sus pecados. Merecían sus palabras duras, y lo sabían. Las multitudes eran compungidas de conciencia mientras Juan las instaba a que volviesen (este es el sentido de la palabra traducida "arrepentirse"). Insistió en la proximidad del reino del cielo como razón para que todos volviesen al Señor. El pueblo prestó atención, viniendo en grandes multitudes, confesando sus pecados. La nueva ordenanza del bautismo practicada por Juan puso a prueba la sinceridad de todos. La señal exterior simbolizaba la vuelta interior a Dios, como Pablo explicó más tarde (Rom. 6:5), muerte, sepultura y resurrección. Subiendo las multitudes del Jordán daban testimonio al mundo de que habían dejado atrás la vida de antes y habían entrado en la nueva vida de lealtad del Mesías que estaba cerca. Más tarde los judíos tuvieron el bautismo · de prosélitos (que también era una inmersión), pero no sabemos si se usaba en este tiempo. Las religiones paganas también tenían ordenanzas de iniciación en agua (y aun en la sangre de toros. cotéjese el taurobolium del Mithraísmo), pero el bautismo de Juan no tenía conexión con ningunas de éstas. No tuvo relaciones eclesiásticas con ningún sacerdote o rabbí, sino que derivó su autoridad y su ordenanza de Dios. En realidad trataba a los judíos como paganos exigiendo que se arrepintiesen y fuesen bautizados. Dió a entender que su pretensión de ser hijos de Abraham no bastaba. Así acusó a todos, a los judíos así como a los gentiles. Los jefes religiosos (los Fariseos y Saduceos) vinieron a ver lo que sucedía, pero sin pensar en arrepentirse o bautizarse. Juan les salió al encuentro exponiendo su hipocresía de la manera más severa: "Generación de víboras," exclamó "¿quién os ha enseñado a huir de la ira que vendrá?" Había visto a las víboras esconderse entre las rocas cuando había peligro de fuego. La única esperanza para ellos era hacer frutos dignos de arrepentimiento. Estos eclesiásticos santurrones eran casi exclusivamente responsables de la lamentable condición del pueblo en cuanto a religión y moralidad. Juan habla con igual claridad a los publicanos acerca de su falta de honradez, y a los soldados acerca de su desvergonzada opresión. Se veía claramente que un hombre, así como un profeta había aparecido en Israel, uno que estaba sin temor delante de los de alto rango, que entendía las flaquezas de los hombres de su día, y que tenía el valor para descubrirlas. Había amanecido una nueva era, un tiempo de viva realidad para substituir el seco rabinismo y el vago apocalipticismo. Juan tocó el nervio moral y éste sintió el tocamiento.

7.   Retratando al Mesías (Mat. 3:11; Mar. 1:7; Luc. 3:15-18).

El poder ferviente del mensaje de Juan hizo que muchos pensasen que él fuese el Mesías (Luc. 3:15). Pero Juan no quería estas lisonjas. Describió al Mesías como viniendo después de él, y como mucho más poderoso que él; como uno, la correa de cuyos zapatos él no era digno de desatar. El bautizará con el Espíritu Santo y con fuego, conteniendo estas palabras probablemente la idea doble de bendición y juicio. Completa el cuadro con la ilustración del aventador que separa el trigo de la paja. Las figuras son fuertes y apocalípticas; pero Juan percibe la naturaleza espiritual de la misión del Mesías. Es claro que Juan no esperaba a un rey meramente político como lo hicieron los Fariseos, ni un mero inaugurador de una era de destrucción y desesperación. Ofrecía esperanza a los que dieran la bienvenida al Mesías, ofreciéndole el servicio leal de su corazón. Tan viva era su descripción que las multitudes se volteaban para ver dónde estaba el Mesías.

8.   El Bautismo de Jesús (Mat. 3:13-17; Mar. 1:9-11; Luc. 3:21).

Probablemente Juan esperaba la aparición del Mesías mientras bautizaba a las multitudes en el Jordán. Se le había dado una señal por la cual podría reconocer al Mesías, y ésta era el descenso del Espíritu Santo (Juan 1:33). Pero cuando un día Jesús de Nazaret junto al Jordán pidió el bautismo de manos de Juan, instintivamente sintió que al fin estaba en la presencia del Mesías prometido (Mat. 3:14). Sintió que él necesitaba ser bautizado por el nuevo candidato. La presencia del Mesías convenció a Juan de su propio pecado y necesidad de un Salvador. Jesús admitió lo correcto de la actitud de Juan, pero insistió que en esta ocasión él había de recibir el bautismo de manos de Juan para cumplir toda justicia (Mateo 3:15). Sería incongruente que el Mesías pasara por alto el mensaje y la ordenanza del Precursor, aunque no tuvo pecados qué confesar como los demás. Así es que los dos hombres del destino se ven lado a lado en el Jordán. Saliendo Jesús del agua, el Espíritu Santo desciende sobre él como paloma, y el Padre en una voz audible le habla en términos de aprobación. Juan había visto su señal. En realidad, ya había cumplido con su misión.

9. La Comisión de Jerusalem (Juan 1:19-28).

Juan siguió en su trabajo aun después de bautizar a Jesús. Quería ayudar a la misión del Mesías hasta donde fuera posible. Pero su mismo éxito y devoción precipitaron una nueva complicación. A pesar de su severa denunciación de los Fariseos y Saduceos vemos que aquellos hicieron enviar una comisión de sacerdotes y levitas (Juan 1:19-24) de Jerusalem, evidentemente de parte del Sanedrín, para inquirir formalmente de Juan acerca de sus pretensiones. Es posible que los Fariseos concibiesen la idea de que semejante indicación fuese embarazosa tanto para Juan como para los Saduceos. De todos modos, Juan negó vehemente que él era el Mesías, o Elías, como ellos entendían la profecía acerca de Elías. Fué sencillamente la voz de uno que clamaba en el desierto. Realmente el Mesías ya estaba en medio de ellos, pero no le reconocían.

10. Identificando a Jesús como el Mesías (Juan 1:29-36).

Dos días sucesivos, mientras Juan estaba en Betábara al otro lado del Jordán, señaló a Jesús como el Mesías, "el cordero de Dios que quita el pecado del mundo" (Juan 1:26, 36). Fué para Juan un gozo dar este testimonio público a Jesús como el Hijo de Dios (Juan 1:34), habiendo oído el testimonio del Padre en el bautismo de Jesús. En esta vez parece que estaba ausente la multitud. Se objeta de parte de algunos que el testimonio de Juan a la deidad y humanidad de Jesús suena como teología moderna; puede replicarse que el Mesías era la pasión de Juan. La descripción del Mesías como el Cordero Pascual la tenía él en el cap. 53 de Isaías. No es razonable limitar a Juan a la mezquina teología de los Fariseos a quienes denunciaba. Precisamente por ser distinto de ellos y de los escritores apocalípticos empezó una nueva época. Sin embargo, sacaba sus pruebas del Antiguo Testamento.

11. Libre de Celos (Juan 3:22-36).

Juan siguió en su trabajo con alegre corazón. No había hablado en vano. Había vivido hasta ver realizarse sus palabras acerca del Mesías. Ahora podía hablar con un nuevo y positivo acento. Pero los discípulos de Juan miraban con desagrado la creciente popularidad de Jesús y la fama decreciente de Juan. Vinieron y lo dijeron a Juan y casi culparon a Juan por dar testimonio a Jesús (Juan 3:26). Pero entendían muy superficialmente a Juan. Apeló a su negación, que ellos habían oído, de que él no era el Mesías. No es sino el amigo del esposo, y ahora debe quitarse de enmedio. "A él conviene crecer, más a mí decrecer." Los esfuerzos para despertar la envidia en el corazón de Juan, habían fracasado. Su copa de gozo está llena.

12. Denunciando a Herodes y a Herodías (Luc. 3:19; Mat. 14:4; Mar. 6:18).

No sabemos la ocasión precisa que condujo a que Juan expresara su opinión sobre el matrimonio adúltero entre Herodes Antipas y Herodías. Ella se había divorciado de su marido (Herodes Felipe de Roma) y él de su mujer (hija de Aretas de Arabia) a fin de consumar su vergonzosa unión. Puede ser que alguien en la concurrencia le preguntara acerca del asunto; puesto que los judíos estaban escandalizados por la situación. Uno de los fariseos puede haberle hecho la pregunta con el fin de meter a Juan en dificultades diciéndole en seguida a Herodes. Es aún posible que Herodes Antipas, habiendo sido informado del caso, fuera inducido a convidar a Juan a su palacio de verano en Machaerus. De todos modos Juan había dicho a Herodes: "No te es lícito tenerla" (Mat. 14:4; Mar. 6:18). Herodías nunca le perdonaría semejante insulto (Mar. 6:19). Juan no era hombre a quien le arredraran las consecuencias cuando le hacía frente a su deber. No quiso disimular la maldad de los oficiales públicos con el fin de salvar su cabeza.

13. En la Cárcel (Mat. 14:3; Mar. 6:17; Luc. 3:19).

Lucas (3:19) dice expresamente que Herodes Antipas encerró a Juan en la cárcel a causa de la represión hecha a él y a Herodías, como dicen también Mateo (14:3), y Marcos (6:17) y Josefo atribuye la prisión de Juan al desorden público ocasionado por su predicación. Las dos explicaciones son posibles, siendo la una el aspecto público del caso, la otra la causa privada. En la cárcel en Machaerus se le permitió a Juan ver a sus amigos que vinieron, pero sus actividades públicas ya habían cesado. Pasó el tiempo y Jesús no hizo nada para librarle, y Juan llegó a entristecerse. Herodes le quería y le odiaba alternativamente y temía al pueblo. Pero Herodías no vaciló nunca en su determinación de hacer que lo mataran. Esperó un tiempo oportuno.

14. El Mensaje a Jesús (Mat. 11:2-6; Luc. 7:18-23).

La nueva traída a Juan por sus discípulos de las maravillosas obras de Jesús le animó a enviar a éste una embajada para preguntar si después de todo, él era el Mesías. Esta duda de Juan, después de su proclamación e identificación positivas de Jesús como el Mesías, ha causado perplejidades a muchos. Debe tenerse presente del efecto desalentador de las circunstancias que rodeaban a Juan. El calabozo frío, húmedo y obscuro contrastaba marcadamente con la luz del sol y el aire fresco de las serranías y el entusiasmo de las multitudes junto al Jordán. Languideció como un año en esta cárcel. ¿Por qué no lo libró el Mesías? De cualquier modo aún una palabra de esperanza sería un consuelo para Juan. La respuesta enviada por Jesús a Juan tenía por objeto fortalecer su fe.

15. La Opinión de Cristo Acerca de Juan (Mat. 11:7-19; Luc. 7:24-35).

Ya idos los mensajeros, Jesús hizo un maravilloso tributo a Juan como profeta, como varón denodado, como inaugurador de otra época, la cual introdujo la nueva dispensación, como el hombre más grande de todos, comparándolo con el modelo de pureza, lealtad y valor dado por Dios. El no se afanaba para adaptarse al tiempo. El pueblo y los publicanos honraron a Juan, pero los fariseos y los doctores de la ley le rechazaron así como lo hicieron con Jesús. Juan, siendo ascético, fué demasiado distinto de otros, mientras que Jesús se asemejaba demasiado a otros, siendo amigo de publicanos y de pecadores." Los críticos de estos dos predicadores se reproducen en todos los siglos.

16. La Muerte de Juan (Mat. 14:1-12; Mar. 6:14-29; Luc. 9:7-9).

Sucedió en una noche de fiesta. Herodías se degradó mucho para lograr su fin. Permitió a su hija Salomé bailar a la manera oriental en presencia de una multitud en un banquete de Herodes. En su condición estúpida ofreció a la niña, con un juramento, darle cualquiera cosa que pidiese. Instigada por su madre pidió y obtuvo la cabeza de Juan, la cual le fué traída en un plato. Herodes no pudo olvidar la vista de aquella cabeza y más tarde pensó que Jesús era Juan que había vuelto a vivir. Los discípulos de Juan lo sepultaron honrosamente y luego "fueron, y dieron las nuevas a Jesús." Fué un triste mensaje para él, y le era una profecía de su propia suerte (Mat. 17:12). Jesús reconoció el servicio que Juan había hecho y honró su memoria y vida. Gozosamente había tenido relaciones con el Precursor antes bien que con los eclesiásticos del día (Mat. 21:25; Mar. 11:30; Luc. 20:4), Juan hizo más fácil el trabajo de Jesús. Preparó el terreno para Cristo. Los primeros discípulos de Jesús pertenecían al círculo de los adherentes de Juan (Juan 1:37-42). Aró el suelo en que Jesús sembró la simiente del reino.

-----o-----

TOPICOS PARA LA REVISTA.

1. Los sacerdotes.
2. El terreno montañoso de Judea.
3. El desierto de Judea. La vida en el desierto.
4. El arrepentimiento.
5. El bautismo.
6. El Río Jordán.
7. El bautismo de Jesús.
8. La lealtad de Juan a Jesús.
9. Los predicadores y la política.
10. Machaerus.
11. La grandeza de Juan el Bautista.
12. El reino de Dios.
13. El Mesías.

CAPITULO IV.

EL NACIMIENTO Y LA EDUCACION DEL MESIAS.

1. Las Fuentes de Nuestros Conocimientos acerca de Jesús.

Unos pocos puntos se dan en los Hechos y las Epístolas, pero en éstos principalmente se tienen interpretaciones de la obra de Jesús en la tierra y en el cielo. Los Evangelios nos suplen todos los detalles que tenemos. El orden más probable en que fueron escritos los Evangelios es, Marcos, Mateo, Lucas, Juan. Las fechas no se saben definitivamente, pero como Lucas escribió su Evangelio antes que los Hechos, que parece haber sido escrito en Roma mientras Lucas estuvo con Pablo (60-63 A. D.), es probable que el Evangelio de Lucas se compusiera mientras Lucas estuvo con Pablo en Cesarea, donde podía recoger informes tanto orales como escritos (Luc. 1:1-4). Estas fuentes de información pueden haber incluído a Marcos, Mateo y otros documentos como **Logia** (dichos) de Jesús. Algunos fragmentos de tales dichos de Jesús han sido descubiertos en los papiros de Egipto. El Evangelio de Mateo puede haber sido escrito originalmente en el aramaico o en griego y, como Lucas, el autor usó probablemente informes escritos y orales. El Evangelio de Marcos es el más breve, y consiste en su mayor parte de narraciones. Se dice que Marcos era intérprete de Pedro quien, según parece, hablaba el aramaico más fácilmente que el griego. Marcos hizo notas de los discursos de Pedro acerca de Jesús. El Evangelio de Marcos es el Evangelio romano, el de Mateo es el judaico, el de Lucas es el universal, y el de

Juan es el Evangelio espiritual. Es probable que Juan escribiese hacia el fin del siglo y con el propósito de probar la deidad de Jesús, el Mesías, el Hijo de Dios. Mateo, Marcos y Lucas tratan por lo regular de los mismos asuntos; por esto son llamados los Evangelios sinópticos. El Evangelio de Juan tiene por objeto principal suplementar el cuadro sinóptico y en su mayor parte tiene la forma de diálogo. El estilo es distinto, pero de una sencillez y encanto raros. La crítica reta muchas cosas acerca de los Evangelios, pero en bosquejo general las narraciones se consiguieron probablemente de la manera que acabamos de manifestar. Las primeras narraciones que se conocen interpretan a Jesús como el Hijo de Dios así como el Hijo del hombre, y muestran que recibía adoración y reclamaba igualdad con Dios y era consciente de su misión a los hombres como Redentor del pecado. No era un hombre que había sido deificado por otros, sino que manifestó a Dios en su persona y obra y reclamaba tener poder de salvar a los hombres del pecado.

2.   Lo Sobrenatural.

Desde luego se nos pone frente a nuestra actitud hacia lo sobrenatural. Debemos decidir si en Cristo tenemos sólo un buen hombre que nos muestra cómo hemos de venir a Dios siguiendo su ejemplo, o Dios que se acerca directamente a los hombres con el fin de revelarse a ellos y atraer al mundo de nuevo a sí mismo. En otras palabras, tenemos que considerar si Jesús es un mero producto de la evolución o es la entrada de Dios en el hombre. La distinción es importante desde todo punto de vista. Si Jesús no es sino un hombre que nos da su opinión acerca de Dios, es interesante y nos ayuda hasta el hecho de ponernos un buen ejemplo, pero no es objeto de adoración ni Salvador del pecado. Si, como creemos y sabemos, es el Hijo de Dios que murió en la cruz por los pecados del mundo, no hay lugar a duda acerca de la presencia de Dios en formas extraordinarias, en la vida, muerte y resurrección de Jesu-Cristo. No es necesario, pues, defender el asunto. Afortunadamente la ciencia de hoy día, está mucho menos dispuesta a ser dogmática acerca de lo que pueda ser verdadero y no pueda serlo. Las maravillas de la naturaleza hacen a uno ver que Dios no está limitado en la manera de hacer las cosas. Sobre todo, tenemos en nuestro propio corazón el testimonio a la salvación por Cristo. No negamos los derechos de la crítica de examinar todo detalle en el Nuevo Testamento y llegar a conclusiones conforme a toda la evidencia. No negamos que una presunción contra lo sobrenatural pueda plantarse al mero principio. Eso es un mero prejuicio. Dios existe; empecemos con eso. Dios obra; Dios ama; Dios envió a su Hijo para salvarnos. Si llegamos a este punto el resto es fácil; no hay otro milagro que pueda compararse con el milagro de enviar a su Hijo. El nacimiento virginal, la resurrección de la muerte, y la ascensión, no son entonces difíciles de creer. Las señales y poderes obrados por Jesús son todos incidentes, por demás importantes y significativos, comparados con el gran hecho de la venida del Hijo de Dios a la tierra en forma humana. En estos estudios no hacemos esfuerzo alguno para escudriñar cada incidente por un proceso crítico.

3. El Unico Cuadro.

No hay vida de Jesús. Ninguno de los Evangelios la es ni pretende serla. Cada uno es una selección del gran acopio de materiales disponibles para el propósito que se tiene a la mano. Tampoco dan una vida de Cristo todos los cuatro Evangelios juntos. El mundo apenas podría contener la narración de todo lo que Jesús hizo y dijo (Juan 21:25), aunque él mismo no escribió nada. El propósito de Juan es el de hacer que los hombres tengan fe en Jesús como el Hijo de Dios, alcanzando de esta manera la vida por él (20:31). Nadie, pues ha escrito una verdadera vida de Jesús. El resto de los detalles de su vida no ha sido conservado. Los evangelios apócrifos no tienen valor. Los dichos no canónicos de Jesús conservados por los primeros escritores cristianos tienen interés y valor, pero son muy pocos. Decir lo que se sabe de una manera plena y conectada con todos los problemas sostenidos y discutidos (asuntos de historia, topografía, arqueología, teología, sociología, ética, crítica, idiomas) exigiría más libros que un solo hombre podría fácilmente escribir o leer. Probablemente nunca tendremos una vida de Cristo, en una escala adecuada. Sin embargo, no es difícil ver la unidad de la concepción en los Evangelios. Todos ellos, después de todo, dan el mismo cuadro del hombre Cristo Jesús.

4. El Hijo de Dios.

Así fué llamado Jesús por el ángel Gabriel cuando habló a María (Luc. 1:32), por el Padre en el bautismo de Jesús (Mar. 1:11), en los Evangelios con frecuencia (Juan 20:31), y varias veces por Jesús mismo. Es claro por un pasaje como Mateo 11:25-30 que Jesús no es Hijo de Dios en el sentido en que otros hombres lo son, sino en una relación peculiar, real solamente en él como "el Unigénito Hijo" (Juan 1:18). Es el unigénito Hijo de Dios, y es la misma imagen de la substancia de Dios (Heb. 1:2), el verdadero Dios. La deidad de Jesús, pues, es manifestada de muchas maneras.

5. El Hijo del Hombre.

Sin embargo, Jesús es también Hijo del hombre. Nació de una mujer y tuvo nuestra naturaleza humana con excepción solamente de que es libre del pecado. Podría tener hambre, sufrir pena, cansarse, participar en los gozos y pesares humanos así como los demás hombres. Era más que hombre. Era el hombre típico, el hombre representativo, el hombre ideal, el Hijo de la humanidad, el hombre perfecto. Combina en sí mismo tanto a Dios como al hombre y es el Dios hombre. Así es que puede ofrecer la salvación a todos los que vengan a él y así como puede ayudar a los débiles y errados. De este modo tiene en sí la simpatía humana y el poder divino. Su amor es amor efectivo y no un mero sentimiento. En una palabra, Jesús es el Mesías de la promesa (Profeta, Sacerdote y Rey), la consumación de los siglos, la esperanza de la raza.

6. El Mensaje de Gabriel a María (Luc. 1:26-38).

No es extraño que María se turbara por las maravillosas palabras dirigidas a ella por el ángel. Vió la alta honra de ser madre del Mesías, la esperanza de Israel. Vió también algo de la situación embarazosa en que estaría colocada. Pero tenía voluntad en ser "la criada del Señor." La historia se dice con gran delicadeza y nobleza. El nombre "Jesús" para el niño es dado por el ángel y su carrera se bosqueja de un modo vivo. Será el Hijo del Altísimo, el Hijo de Dios. El hecho del nacimiento virginal aquí lo presenta Lucas desde el punto de vista de María. Puede ser que Lucas oyera la historia de María misma, o de uno de sus amigos, cuando estuvo en Cesarea o Jerusalem. El niño tendría el trono de su padre David, aunque solamente en sentido espiritual y no como rey político. La casa de Jacob sobre la cual reinará es el pueblo o el reino de Dios. Este reino no tendrá fin. Se recuerda desde luego de la promesa en 2 Sam. 7 y en el Sal. 89, como fué explicada más tarde por Cristo en Mat. 16:18. María había encontrado favor con Dios y era de todas maneras digna de la grande honra.

7. María y Elisabet (Lucas 1:39-56).

Era un problema de mujer, y María tenía necesidad de consejos. Se apresuró a ver a Elisabet, su parienta, en la serranía de Judea, a quien le faltaban tres meses para dar a luz a Juan el Precursor del Mesías, como le había dicho el ángel. Estas dos mujeres predestinadas se encontraron con grande regocijo, y al momento Elisabet fué llena del Espíritu Santo y saludó a María como madre de su Señor y bendita entre las mujeres. La respuesta de María (el Magnificat) es muy noble y recuerda a Anna en 1 Samuel 2. Respira el aliento de los mejores de los Salmos y revela en María un espíritu raro de piedad y elevación. Ve que Dios, por medio de ella, está cumpliendo su promesa a Abraham de bendecir todas las generaciones, y está llena de humildad por la gran parte que le ha sido dada por la misericordia de Dios. Dios es su Salvador y su Hijo ha de ser el Dios-Salvador del mundo. Parece que María se quedó con Elisabet (Luc. 1:26, 56) hasta un poco antes del nacimiento de Juan el Bautista, o quizás hasta un poco después. Volvió a su casa en Nazareth con su corazón agitado con esperanza y admiración.

8. **El Mensaje a José** (Mat. 1:18-25).

Es Mateo quien nos da este lado de la maravillosa historia desde el punto de vista de José. Parece que María no dijo nada a José, su prometido, acerca del mensaje del ángel. ¿Qué podría decirle? Pero llegó el tiempo en que José tenía que saberlo y lo supo. Los esponsales entre los judíos eran muy sagrados, y José deseaba dejarla secretamente y no "infamarla," como tenía el derecho legar de hacerlo, porque era un hombre justo. Es claro que José debía ser iluminado. Así es que el ángel Gabriel dijo a José la verdad acerca de María y él la tomó por su esposa y la protegió tiernamente. La promesa explica el nombre "Jesús" del niño "porque él salvará a su pueblo de sus pecados." Se ve en el nacimiento virginal de Jesús el cumplimiento de la profecía en Isaías 7:14. Será llamado también Emmanuel (Dios con nosotros). José se portó con nobleza en su difícil situación.

9. **El Tiempo del Nacimiento de Jesús** (Luc. 2:1).

Los antiguos no eran exactos en dar fechas según nuestros sistemas modernos. Sin embargo Lucas da dos notas de tiempo. Una fué el censo del mundo bajo el Emperador Augusto. La otra lo coloca en el primer empadronamiento bajo Quirino, gobernador de Siria. Estos dos puntos nos han sido obscuros, aunque bastante claros para los lectores del Evangelio de Lucas, hasta hace poco. Ya se sabe por los papiros de Egipto que Augusto tenía un censo periódico cada catorce años. Los años se saben también, pero en las provincias el censo no fué llevado a cabo con prontitud. Antes se objetaba que Quirino no fué gobernador de Siria sino una sola vez y eso fué 6 A. D. como muestra Josefo. Pero el señor W. M. Ramsay, quien hizo el descubrimiento acerca del censo que acaba de mencionarse, también ha encontrado una inscripción que muestra que Quirino fué enviado a Siria en conexión con el previo censo. El único punto que aun queda obscuro es el año exacto en que nació Jesús. Sabemos claramente que 1 A. D., el año designado en el sexto siglo por Dionisio Exiguo, no es correcto. Jesús nació antes de la muerte de Herodes el Grande (Mateo 2:1-12). Sabemos por Josefo que Herodes murió el año 4 A. C. Por tanto el año 5 A. C. parece ser el año más tarde en que es posible que naciera Jesús, y después de todo, el año más probable. Varios argumentos parecen señalar a este año, aunque el censo que acaba de mencionarse arguye algo a favor de una fecha un año o dos antes. No sabemos nada absolutamente acerca de la parte del año en que el nacimiento se verificó. La presencia de los pastores en los cerros en la noche parece excluir el invierno, y eso es todo lo que podemos decir. No se saben el mes ni el día.

10. El lugar (Lucas 2:3-7).

Sabemos ahora que el censo de Augusto exigía que todo el mundo fuese a su propia ciudad. No era meramente una costumbre judaica, sino una costumbre imperial. De esta suerte los registros de familia fueron guardados intactos. En su debido tiempo, por lo tanto, el gobernante del mundo fué inconscientemente el agente humano para hacer una realidad el nacimiento de Jesús en Bethlehem, la ciudad de David, el antepasado de José y evidentemente de María también.

La población era el lugar de Booz (y de Ruth después de su adopción) y de David. Existe todavía. El largo viaje fué inevitablemente duro para María. Es probable que tuviera que hacer el viaje desde Nazaret a Bethlehem en un asno. El censo había traído a otros muchos a Bethlehem al mismo tiempo. Los mesones o posadas eran siempre pequeños de todos modos, y literalmente "No había lugar para ellos en el mesón." Ningún extraño entre los huéspedes se apiadó de María hasta el punto de ofrecerle su aposento. El único lugar para ella y José fué uno de los pesebres del ganado, probablemente debajo del mesón en el lado del cerro. Allí nació el Salvador del mundo, fué envuelto en pañales y acostado en un pesebre. Jesús, rico más allá de toda comparación como el Hijo de Dios, había dejado la gloria del cielo para hacerse pobre para que nosotros fuésemos ricos en él (2 Corintios 8:9).

11. Anunciado por Angeles (Luc. 2:8-14).

El nacimiento del Niño en el pesebre del mesón hizo muy poca conmoción allí. Era sólo un niño más en un mundo de luchas y pruebas, un niñito con el futuro desconocido, pero con esperanza y promesa. Pero María sabía lo que había dicho el ángel. La hora de angustia era su hora de gloria. Y José confiaba. Volvió a aparecer "el ángel del Señor," esta vez a unos pastores en los cerros cerca de Belén. Anunció a estos hombres comunes con corazones sencillos la más grande y mejor de todas las nuevas, el nacimiento del Salvador, de Cristo el Señor. Dió la señal con que habían de conocer al Niño, y de repente la hueste celestial rompió en canto. El texto correcto aquí (Lucas 2:14) nos da "hombres de buena voluntad" más bien que "buena voluntad entre los hombres." En honor de la verdad la paz de Cristo viene a la tierra solamente a los que se someten a Dios. Sólo éstos poseen la paz íntima que sobrepuja a todo entendimiento. Convenía que el cielo celebrara así el grande acontecimiento. La venida de Jesús a la tierra debe haber hecho una conmoción entre los ángeles del cielo (1 Pedro 1:12).

12. Proclamado por Pastores (Lucas 2:15-20).

Así es que los primeros heraldos de la buena nueva son, no los eclesiásticos del farisaísmo, sino los representantes de la gran compañía de gente común que vivía cerca de Dios y la naturaleza. Los pastores vieron al Niño y dijeron a María y a otros lo que habían visto y oído. Para los demás, fué una maravilla de siete días, y así pasó, pero "María guardaba todas estas cosas, confiriéndolas en su corazón." Todo detalle era precioso para ella. Los pastores volvieron a sus rebaños, glorificando a Dios.

13. Reconocido por los Santos (Lucas 2:21-38).

El niño fué circuncidado el día octavo, y cuando llegó el tiempo fué presentado en el templo. Entonces un anciano llamado Simeón supo por el Espíritu de Dios que sus ojos miraban la Luz de los gentiles y la Gloria de Israel, el pueblo de Dios. Ya estaba listo para morir, y conmovió de nuevo el corazón de María con palabras de penetración y entendimiento acerca de la piedra de toque de la vida de Jesús y la espada que había de traspasar el alma de María. La copa de María fué llena cuando la anciana Ana, también llena del Espíritu Santo, rebosó de gozo al ver la redención de Jerusalem. Pero las palabras de estos dos santos ancianos se desvanecerían en las mentes de casi todos con el paso de los años.

14. Adorado por Magos (Mateo 2:1-12).

José y María volvieron a Bethlehem. Entonces vinieron hombres sabios del oriente, guiados por una estrella a Jerusalem, y dirigidos a Bethlehem por la erudición de los príncipes de los sacerdotes y escribas (Saduceos y Fariseos), quienes citaron Miqueas 5:2 a petición de Herodes el Grande, estando él muy inquietado por la pregunta de los magos concerniente al recién nacido Rey de los Judíos.

La bien conocida crueldad de Herodes hizo que toda Jerusalem fuese turbada temiendo que Herodes perpetrara otro ultraje. Los magos se escaparon de Herodes y hallaron al Niño en Bethlehem. Tenemos que dejar sin resolver el asunto de los nombres, el país y los movimientos de estos magos. Se estudiaba extensamente la astrología en Persia, pero no sabemos el número de los magos ni por qué vinieron, sino que Dios los condujo. Dios tiene muchas maneras de tocar los corazones de los hombres. Si la estrella fué cometa o una estrella regular no sabemos. Los eruditos en Jerusalem no adoran al Niño en Bethlehem, pero estos magos del oriente sí lo hacen. La verdadera erudición halla su servicio más sublime a los pies de Jesús. Los magos son librados de la trampa de Herodes y vuelven por otro camino.

15. Los Celos de Herodes (Mat. 2:13-18).

El enojo de Herodes al verse burlado de los magos fué grande. Había hecho sus planes para matar a este nuevo Rey de los judíos. Había matado a varios de sus propios hijos y no vacilaría ahora. Por esto amplió su plan y para estar seguro, mandó matar a todos los niños de Bethlehem de edad de dos años abajo. Así el diablo en el mero principio, usa el poder del estado en un esfuerzo para destruir la obra del Hijo de Dios en la tierra. La opresión política ha procurado con frecuencia desarraigar el cristianismo.

16. El Rescate del Niño (Mateo 2:13).

Dios cuidó de su Hijo. Se le dijo a José que huyera a Egipto, donde se quedó al menos un año hasta que murió Herodes. Quizás murió Herodes pensando que había muerto el nuevo Rey. Una vez antes el siervo (hijo) de Dios, Israel había morado en Egipto (Oseas 11:1). Ahora de nuevo el otro Hijo de Dios en toda la extensión de la palabra está en destierro.

17. La Vuelta a Nazaret (Mat. 2:19-23; Luc. 2:39).

El plan de José era volver a Bethlehem para criar al Niño allí, pero al saber que Arquelao había sucedido a

Herodes el Grande, fué a Nazaret. Cuando José huyó a Egipto la voluntad de Herodes fué que Antipas lo sucediera, pero había vuelto a cambiar su testamento. Arquelao era el peor de los hijos que vivían aún. Así sucedió que Jesús fué criado en Nazaret y fué llamado Nazareno, aunque no se halla profecía a ese efecto. Fué despreciado, sin embargo, como lo era Nazaret mismo. Nazaret es todavía una población de bastantes habitantes situada sobre un cerro desde donde se ve la llanura de Esdralón, y el Mediterráneo. No estaba lejos de un camino muy transitado aunque éste le dejaba aislado.

18. La Familia (Marcos 6:3).

La casa de Nazaret era la del carpintero de la población (Mateo 13:55). No era la del aldeano más humilde, pero ciertamente no era una de afluencia. Es probable que José ganara lo suficiente para vivir, y gozara de un grado de independencia. Probablemente la casa tenía un solo piso, con un cuarto grande en el centro y otros en derredor. Los muebles eran sencillos y pocos en número. Las camas deben haber sido enrolladas en el día. Habría quizá una mesa, sillas, ollas para agua y un horno. La familia creció con los años hasta que Jesús tenía cuatro hermanos (Santiago, José, Judas, Simón), y también hermanas. Todos deben haber hecho su parte en los quehaceres de la casa y también asistido a la escuela de la sinagoga. Probablemente hablaban el aramaico y también el griego, y aprenderían a leer el hebreo en la escuela. Era un hogar de piedad sencilla, trabajo y amor. José era un hombre recto, y María una de las mujeres más raras. El Niño más notable de todas las edades crecía en este hogar y José y María guardaban su gran secreto.

19. El Niño Creciendo (Luc. 2:40).

El Niño Jesús crecía con los años, lleno de vida (fortalecíase) y luego un niño alegre y sano, con modales agradables y una mirada pensativa y superior al alcance de sus años. María podía ver el cielo en sus ojos, y él veía amor en los de ella. Fué lleno de sabiduría cuando todavía era niño, aunque no era un prodigio. No se mostraba como uno superior a los demás. "La gracia de Dios era sobre él" y le guardó fresco y limpio mientras crecía.

20. El Niño en Jerusalem (Lucas 2:31-51).

Se nos concede un solo vislumbre de la juventud de Jesús. ¡Cuán precioso es! El Niño Jesús está en Jerusalem por primera vez. Tiene doce años y arde en interés y entusiasmo por el gran mundo en su derredor. El templo le encanta y le detiene mucho tiempo después de idos todos los demás; los ha olvidado, estando toda su alma extasiada por saber las cosas que ha estado anhelando apasionadamente conocer. El Niño Jesús es hallado sentado en medio de los doctores en el templo, preguntando y respondiendo a preguntas con maravillosa penetración, admirando a los doctores con la sabiduría de sus preguntas y respuestas. La respuesta dada a María y José, arrancada de su propio corazón admirado, revela la profundidad de su creciente conciencia de que sostenía una relación peculiar con Dios su Padre. "¿No sabíais que en los negocios de mi Padre me conviene estar?" Sabe en parte al menos, el gran secreto acerca de su misión. ¡Oh, los sueños dorados del corazón de un niño mientras ve la mano que le señala el camino para adelante! Con los corazones llenos María y su Niño vuelven a Nazaret. Evidentemente tiene ya que empezar a decirle lo que sabe.

21. El Joven en el Banco del Carpintero (Mar. 6:3; Lucas 2:52).

Como el hijo mayor de la familia, Jesús adoptó el oficio de José su padre putativo, haciéndose carpintero. Parece que con el tiempo, después de la muerte de José, él fué llamado "el carpintero." Así fué como el joven Jesús tomó en consideración los problemas del trabajo e hizo su tarea diaria en su banco. Pertenecía a la gran clase obrera de todos los siglos y su apelación a todos los que trabajan honradamente para ganar su pan debería ser fuerte. Podemos estar seguros de que Jesús trabajó con celo en su oficio. No fué un mero soñador, sino un trabajador; hacía bancos, mesas, sillas, arados y otras cosas. Sin embargo, fué más que carpintero. El sonido del martillo era seguro, pero también tenía comunión con su Padre preparándose para el gran día de su revelación a Israel como el Mesías. ¿Cuándo será ese día? Crecía siempre en sabiduría y en estatura y en favor para con Dios y los hombres. Hacía amigos en Nazaret.

22. Los Pensamientos de María.

Miraba cómo el botón de sus esperanzas se abrió en flor y luego se convirtió en fruto. Vió al maravilloso hombre creciendo a su lado. Entendía que había de ser más que carpintero. Esperaba mientras pasaban los años. Pronto tendría treinta años. Zacarías y Elisabet ya habían muerto. ¿Dónde estaría Juan el Bautista? Un día María oyó nuevas admirables del desierto. ¿No lo dirá a Jesús? Unos pocos meses más pasan. Ahora María desearía decir a Jesús todo lo que tenía en su corazón.

———————o———————

TOPICOS PARA LA REVISTA.

1. El origen de los Evangelios.
2. Lo sobrenatural en el cristianismo.
3. El Hijo de Dios (la Deidad de Cristo).
4. El Hijo del hombre (la humanidad de Cristo).
5. El ángel Gabriel.
6. María, la madre de Jesús.
7. La vida del pastor en Palestina.
8. Los Magos.
9. José, el marido de María.

10. Los hermanos y hermanas de Jesús.
11. Jesús nacido de una Virgen.
12. La fecha del nacimiento de Jesús.
13. Bethlehem.
14. Mesones de Judea.
15. Nazaret.
16. Carpintero de Judea.

CAPITULO V.

EL BREVE MINISTERIO DE JESUS.

1. La Extensión del Ministerio.

Si no tuviéramos sino los Evangelios sinópticos, no supiéramos que el ministerio de Jesús duró más de un año. Los Evangelios sinópticos hacen mención de una sola Pascua, en la que Jesús fué crucificado. El Evangelio de Juan hace mención de tres (2:13; 6:4; 12:1); y el ministerio había durado algunos meses antes de la primera. Por esto sabemos que el ministerio duró al menos dos años y medio. Es probable que durara tres y medio, puesto que, aun cuando la fiesta de Juan 5:1 no fuese una pascua, es del todo probable que hubiese otra pascua no mencionada, porque la obra de Cristo parece necesitar este espacio de tiempo.

2. La Fecha de la Entrada en el Ministerio (Lucas 3:23).

Sólo sabemos que tenía como treinta años de edad. Esto era la costumbre usual de los sacerdotes, pero Jesús no era de la tribu de Leví. Juan el Bautista tenía seis meses más de edad que Jesús, y según parece también comenzó su ministerio cuando tenía treinta años. Hemos visto que Jesús nació probablemente el año 5 A. C., aunque el mes no se puede asegurar. En ese caso Juan nacería en la primera parte del año 5 A. C. o la última parte de 6 A. C. Es probable que Jesús empezara su ministerio en la última parte del año 26 A. D. Su muerte entonces tres años y medio más tarde acontecería en la primavera del año 30 A. D., o, si sucedió sólo dos y medio años más tarde, en el año 29 A. D. (en la pascua).

3. La Introducción Mesiánica (Mateo 3:13-17; Marcos 1:9-11; Lucas 3:21).

Es claro que Jesús vino al Jordán para ser bautizado de Juan con la plena conciencia mesiánica, y no como un mero penitente, como lo hicieron los demás. Admite lo correcto de la protesta de Juan acerca de bautizarle, puesto que no tenía pecado de que arrepentirse, cuyo limpiamiento había de ser simbolizado por la nueva ordenanza. Pero el primer acto en la obra de Jesús como el Mesías es recibir el bautismo a manos de Juan, conectando así su obra como el Mesías con la del Precursor. Esto fué en sí mismo eminentemente propio, y fué un reconocimiento de la misión de Juan. Jesús no recibió otro testimonio humano. No fué ordenado ni apartado por ningún concilio. No recibió ninguna ratificación eclesiástica o escolástica. Pero tenía la conciencia de unidad con su Padre y un claro llamamiento a la obra en la que ya había puesto sus manos. Vinieron a Jesús también las manifestaciones visibles de la presencia del Espíritu Santo en la forma de una paloma que decansaba sobre él y la aprobación audible del Padre de su Hijo Amado. Esto era lo que valía la pena. Parece que Juan vió y oyó este testimonio (Juan 1:33), aunque según parece ningunos otros lo oyeron, sino el diablo. Pero por todos los días venideros de pruebas el corazón de Jesús tenía esta grande experiencia para alentarle.

4. El Reto de Satanás (Mateo 4:1-11; Marcos 1:12; Luc. 4:1-13).

Marcos dice que el Espíritu llevó a Jesús al desierto, y Mateo agrega, para ser tentado del diablo. La tentación no fué, pues, un accidente, sino que fué una lucha consciente de los dos jefes para el dominio del hombre. El diablo había vencido a Adam y Eva y sentía vivamente la importancia de derrotar al Segundo Adam. La Esperanza de la raza fué ahora puesta a prueba. Satanás sabía quién era Jesús y confiesa que es el Hijo de Dios, pero se atreve a tentar aun a él. La prueba por medio del hambre, el abandono nervioso y la ambición. Jesús le resiste citando la Palabra de Dios y le hace dejarle por un tiempo. No habrá compromiso alguno con Satanás reconociendo su gobierno de ruina. Si se maravilla uno de cómo podría ser tentado el Hijo de Dios, debe reflexionarse que de otro modo no habría sido verdadero hombre. La victoria de Jesús ofrece esperanza a todo hombre tentado que tenga el ejemplo, simpatía y poder de Cristo para ayudarle. El diablo se interpone en el camino de todo hombre que procure trabajar por Dios. Reclama el mundo como su reino y defiende palmo a palmo su terreno.

5. El Pequeño Principio (Juan 1:19-2:12).

Jesús había escogido la lucha, y la guerra comenzó. Vino del desierto a Betania al otro lado del Jordán, donde estaba Juan el Bautista. Aquí ganó sus primeros discípulos de entre los adherentes del Bautista (Andrés, y probablemente Juan, hermano de Santiago). Cada uno de éstos ganó a su hermano. Jesús halló a Felipe, y Felipe trajo a Natanael. Esta compañía de seis formaron el núcleo de los adherentes de Jesús y fueron llamados discípulos o aprendedores (Juan 2:11). Fueron con Jesús a las bodas de Caná, donde hizo el primer milagro de convertir el agua en vino—el cual manifestó la gloria de Jesús y aumentó la fe de los discípulos. La madre de Jesús, sin duda, sintió nuevo orgullo en su maravilloso Hijo a pesar del hecho de que le hizo entender que ella no tenía nada que ver con su obra como el Mesías, por más que no interesara su corazón en ella. Los hermanos estaban con Jesús y su madre unos pocos días en Capernaum, evidentemente en agradable compañerismo.

6. El Rechazo en Jerusalem (Juan 2:13-3:21).

La pascua encontró a Jesús en Jerusalem y en el templo. Convenía que se diera a conocer como el Mesías en la Santa Ciudad. Los jefes eclesiásticos ¿le recibirían o le rechazarían? La cuestión se suscitó de una manera indirecta, pero el resultado fué decisivo. Jesús se indignó por la profanación del templo, por el tráfico en bueyes, ovejas y palomas para los sacrificios y las operaciones de banqueros, todo en el atrio de los gentiles. Jesús afirmó sus exclamaciones mesiánicas diciendo: "Quitad de aquí esto; y no hagáis la casa de mi Padre casa de mercado." El Reformador logró su propósito por el momento. Cuando se retó su autoridad para hacerlo, dió la señal de su resurrección en el tercer día, la cual no se entendió a causa de la referencia parabólica al templo, equivocación que duró hasta su juicio ante el Sanedrín. Jesús no se dejó llevar por la multitud de los que se entusiasmaron por sus milagros en Jerusalem. Los rabíes eran hostiles y el pueblo era superficial. La única excepción fué Nicodemo, el erudito tímido y miembro del Sanedrín. Su farisaísmo lo hizo difícil para que entendiera el reino espiritual predicado por Jesús, y sin embargo no pudo resistir el encanto de Jesús. El Maestro procuró abrirle los misterios del Nuevo Nacimiento, la necesidad de la Muerte Propiciatoria en la Cruz, del Amor de Dios que dió al unigénito Hijo para que viviesen todos los que creyesen. El maestro en Israel estaba perplejo por esta enseñanza, pero con el tiempo llegó a creerla.

7. El Exito en Judea (Juan 3:22-4:4).

Fuera de Jerusalem en Judea la obra de Cristo hizo grande impresión. Los discípulos de Juan empezaron a quejarse, aunque él se regocijó. Los Fariseos tuvieron celos del nuevo Maestro. El mismo éxito de Jesús hizo necesario que volviera a Galilea para que se escapase de la suerte de Juan el Bautista, el cual ya estaba en la cárcel.

8. La Siega en Samaria (Juan 4:5-42).

La obra en Samaria parece ser de la naturaleza de un mero incidente del viaje de Jesús desde Judea a Galilea. Los samaritanos y los judíos vivían separados odiándose mutuamente, siendo su odio más vivo por ser los samaritanos medio judíos. La conversión de la mujer

junto al pozo a pesar de las circunstancias más adversas
llevó a la conversión de otros muchos en Sicar, y a alen-
tar el alma de Jesús por el poder del evangelio para salvar a los perdidos del mundo entero, por la visión de la
siega en todas partes del mundo lista para los segadores;
por la confesión de que él era el Salvador del mundo hecha por samaritanos en contraste vivo con las mezquinas
preocupaciones de los rabíes judíos en Jerusalem. Jesús
mostró a sus discípulos cómo deberían levantarse sobre las preocupaciones de raza y distinciones de sexo para salvar a los perdidos.

9. El Nuevo Principio en Galilea (Juan 4:43-54; Mat.
4:13-25; 8:2-9:34; Mar. 1:14-22; 5:22-43; Luc. 4:14-5:
39; 8:41-56).

No será posible seguir detalladamente los acontecimientos en el ministerio de Cristo, pero podemos al menos guardar una perspectiva y proporción correcta en
nuestro estudio. Jesús dejó Judea porque su excesiva
popularidad allí despertó los celos de los fariseos. Vino
a Galilea donde hasta entonces había hecho poco que pudiera despertar la excitación. Pero la nueva de su obra
en Judea le había precedido y le aseguró una alegre bienvenida en Galilea. Si no tuviéramos el Evangelio de
Juan no sabríamos sino poco de la obra de Jesús durante
el primer año de su ministerio (el año de obscuridad).
En Galilea Jesús predicó el arrepentimiento y el acer-
camiento del reino de Dios, como Juan el Bautista lo
había hecho, queriendo decir con el reino el reinado de
Dios en el corazón y la vida. Dió a los de Nazaret una
oportunidad para oirle. Pronto la curiosidad y el placer dieron lugar al orgullo de la población, convirtiéndose
en ira al grado de quererle matar. Es claro que Nazaret
no pudo ser su hogar durante su ministerio en Galilea.
Por esto Jesús escogió a Capernaum, una población floreciente a orillas del Mar de Galilea, ciudad menos provincial, donde vivían muchos griegos. Aquí volvió a llamar
a Santiago y Juan, Andrés y Simón Pedro para seguirlo
constantemente. Pronto se hizo un gran movimiento en

Capernaum por la novedad y poder de las enseñanzas de Jesús y por sus maravillosos milagros de curación, en que se incluyó aun un caso de la resurrección de una muerta (la hija de Jairo). La excitación llegó a ser intensa, y Jesús se refugió en el desierto para orar. Los Fariseos habían venido de Judea y Jerusalem para investigar la obra y las pretensiones de Jesús, y se escandalizaron cuando él perdonó el pecado, reclamando así una prerrogativa de Dios. Aun insinuaron que tenía comercio con el diablo. Jesús no se había escapado de la hostilidad de los fariseos dejando Judea. Los Fariseos se burlaron de Jesús por asociarse con publicanos como Leví. y aun los discípulos de Juan el Bautista se unieron en la queja de que Jesús y sus discípulos no observaban los ayunos acostumbrados. No entendieron la diferencia esencial entre el cristianismo y el judaísmo.

10. Nueva Hostilidad en Jerusalem (Juan 5:1-47; Mat. 12:1-14; Mar. 2:23-3:6; Luc. 6:1-11).

Fué probablemente por la pascua por lo que Jesús volvió a Jerusalem. La atmósfera allí era ahora muy hostil. La curación del hombre impotente en sábado proporcionó a los fariseos una nueva acusación contra Jesús. Quebrantaba el sábado. La defensa de Jesús de que su Padre trabajaba todo el tiempo, hizo las cosas todavía peor, porque diciendo esto se hizo igual a Dios y era un pretendiente blasfemo. Por esto procuraban matarle. Así es que en menos de un año y medio se ha declarado una crisis en Jerusalem. Jesús hizo una exposición extensa de su pretensión de ser igual a Dios como el Hijo de Dios en naturaleza y con el poder de Dios. El resultado mostró claramente que Jesús tendría que volver a Galilea. En su camino de regreso, los fariseos le siguen con el propósito de conseguir otros motivos de quejas contra él. Realmente hay ahora en Jerusalem una conspiración contra Jesús, cuyos agentes aparecen a cada paso. Objetan en un sábado a que los discípulos restreguen y coman granos de trigo que han cogido mientras andaban por el sembrado. El sábado siguiente están presentes en una sinagoga para ver si Jesús sanaba a un hombre que tenía una mano seca. Jesús defiende la conducta de los discípulos con poderosos argumentos, que irritan a los fariseos cada vez más, puesto que pretende la superioridad sobre las regulaciones rituales dando énfasis a la misericordia y la espiritualidad. Como resultado los fariseos se pusieron furiosos y se unieron con los herodianos con el fin de conspirar contra la vida de Jesús.

11. La Compañía de los Apóstoles (Mat. 10:2; Mar. 3: 13-19; Luc. 6:12-16; Hechos 1:13).

Al volver de Galilea Jesús vió la necesidad de una organización de alguna clase. Después de una noche de oración en un monte, descendió a un lugar llano y al amanecer escogió a doce hombres que estuviesen con él de continuo y los nombró apóstoles (misioneros). Fué una crisis en el ministerio de Cristo y mucho dependía de escoger hombres idóneos. Jesús ya había probado la mayor parte de ellos de varias maneras. Todos eran de Galilea con excepción de Judas Iscariote, que era de Judea. Poseían distintos dones, pero constituyeron una maravillosa compañía de jóvenes para ser educados por el más grande de los maestros de la tierra en la obra del reino de Dios. Faltaban menos de dos años para la muerte de Jesús. ¿Sería posible enseñarlos en este tiempo?

12. Una Proclamación de Principios (Mat. 5:1-7:29; Mar. 3:7-12; Luc. 6:17-49).

Jesús volvió a subir un poco al monte y sentándose se dirigió a estos doce hombres, a otros discípulos en gran número y a una gran multitud de oyentes de todas las provincias desde Idumea hasta Tiro y Sidón (Mar. 3:8). Es probable que hablara en griego en esta ocasión, puesto que muchos de los que estaban presentes no podían entender el arameico. Ya era tiempo para que Jesús indicara claramente en qué se diferenciaban sus enseñanzas de las de los rabbíes, los maestros religiosos del judaísmo, quienes era manifiesto que se le oponían abiertamente. La cuestión se trata claramente. El judaísmo corriente enseñaba que la justicia consistía en observancias ceremoniales, descuidando lo espiritual y lo ético. Habían dejado de ver la intensión del Antiguo Testamento y habían obscurecido aun éste con sus tradiciones orales. Jesús volvió a afirmar la ética (no las reglas ceremoniales) del Antiguo Testamento, pero fué mucho más adelante llevando el modelo ético, más allá de lo que el mundo había conocido hasta entonces y hasta un punto que no ha sido alcanzado aun en la práctica actual. Dijo con énfasis que a menos que la justicia de uno excediera a la de los escribas y fariseos, no podría entrar en el reino del cielo. Este sermón, aunque no era una manifestación plena de todas las enseñanzas de Cristo, hizo una impresión maravillosa entonces, y es todavía la meta de la verdadera justicia entre los hombres.

13. La Melancolía de Juan el Bautista (Mateo 11:2-30; Luc. 7:18-35).

A pesar de los grandes hechos de Jesús, la tristeza vino a llenar el alma de Juan el Bautista mientras languidecía en la prisión de Machaerus. No puede extrañarse mucho esto. Su mensaje a Jesús y el elogio que él hizo de Juan nos ayudan a ver lo patético del esfuerzo de volver al pueblo a una vida santa. Mientras Juan era una especie de héroe en el desierto, el pueblo le rodeaba a pesar de los esfuerzos de los fariseos y saduceos. De igual manera Jesús ha sido por algún tiempo un ídolo popular en Galilea y Judea, pero los eclesiásticos no quieren seguirle de ninguna manera. No tendrán ni a Juan ni a Jesús, sino solamente a los de su propia índole. Betsaida, Corazin, Capernaum—todas han faltado. Pero Jesús sigue enseñando. De todos modos el Padre le entiende.

14. La Acusación de los Fariseos (Mat. 12:22-37; Mar. 3:19-30; Luc. 7:36-8:3).

Los fariseos se hicieron cada vez más sospechosos, aun

los que mostraron cortesías hospitalarias a Jesús. Un viaje especial al rededor de Galilea hecho por Jesús y los doce y una compañía de mujeres obreras despertó una nueva animosidad. Los fariseos declararon abiertamente que Jesús estaba en alianza con Beelzebub, que echaba fuera demonios con el poder de Beelzebub o sea Satanás. Jesús replicó que, en atribuyendo así la obra del Espíritu Santo al diablo, se habían hecho culpables de blasfemia contra el Espíritu Santo, pecado que nunca les sería perdonado. Los llamó una generación de víboras, así como Juan lo había hecho.

15. La Lástima de la Familia de Jesús (Mar. 3:19-20, 31-35; Mat. 12:46-50; Luc. 8:19-21).

Parece que la acusación de los fariseos hizo una impresión en la familia de Jesús, que llegó a creer que estaba fuera de sí, y vino para llevarle a su casa fuera del bullicio y excitación de las multitudes. Fué una situación patética cuando Jesús halló que aun su madre había, por el momento, perdido las esperanzas acerca de él. Era difícil para María entender este giro de los negocios en que vió que todos los jefes religiosos estaban en contra de Jesús. Anunció un compañerismo espiritual con todos los que harán la voluntad de su Padre y rehusó ir a casa.

16. El Uso de Parábolas (Mat. 13:1-53; Mar. 4:1-34; Luc. 8:4-18).

La enseñanza de Jesús es la maravilla de los siglos tanto por su contenido como por su método. El mundo principia apenas a comprender el alcance de las enseñanzas de Jesús en su aplicación a todas las relaciones a la vida (éticas, sociales, políticas, religiosas). Pero no menos notables son sus métodos. La nueva erudición tocante a la psicología y la pedagogía halla ilustraciones aptas en los procesos de pensamiento revelados en las enseñanzas de Cristo. Sabía como atraerse la atención, retenerla, afianzar el punto, influir en la voluntad y conmover la conciencia. Era intensamente personal ofreciéndose como el Maestro enviado por Dios, el único que entendía al Padre. Invitó a todos a que vinieran a su escuela (a llevar su yugo sobre ellos) y aprender de él. Sólo así hallarían descanso para sus almas. Las parábolas fueron usadas comúnmente por los rabíes, pero no hay parábolas como las de Jesús en lo tocante a encanto de pensamiento, belleza de forma y claridad de aplicación. Eran obscuras para los espiritualmente torpes y hostiles, pero ayudaron al creyente a retener y entender la verdad. Jesús habló muchas parábolas aisladas y algunas veces en grandes grupos acerca del reino (el crecimiento y consumación de vida). Son "historias terrenales con significación celestial."

17. Los Doce Probados como Predicadores (Mat. 10:5-11:1; Mar. 6:7-13; Luc. 9:1-6).

Jesús ya había hecho dos viajes al rededor de Galilea, pero ahora envió a doce delante de sí de dos en dos. Fué un experimento para ver cómo podían hacer el trabajo de enseñar y sanar. Les dió instrucciones especiales y exactas para su viaje a través de Galilea. Necesitaban sabiduría y valor sencillos. El resultado **fué** bueno, y aun Herodes Antipas fué movido a nueva ansiedad, pensando que Jesús era Juan el bautista vuelto a la vida, porque su mala conciencia le azotaba todavía (Mar. 6:14).

18. El Resultado en Galilea (Mat. 14:13-36; Mar. 6:30-56; Luc. 9:10-17; Juan 6:1-71).

La fama de Jesús había llegado a su apogeo en Galilea al fin del viaje. Fué aumentada todavía por el milagro de alimentar a los cinco mil en las faldas de las colinas cerca de Betsaida, Julia. Las masas deseaban tomar a Jesús por fuerza y hacerle rey. Estaban seguros de que el Mesías tanto tiempo esperado que había de librar a los judíos del yugo de los romanos había venido al fin. Jesús viendo el peligro de la situación despidió al gentío y envió a los apóstoles a Capernaum en el barco. El mismo aislándose buscó al Padre en las montañas. No había otro que le entendiera en esta hora. Los apóstoles mismos estaban en peligro. El día siguiente en la sinagoga en Capernaum la voluble multitud vino pidiendo más panes y peces. Encontrando que Jesús se negaba a ser un Mesías político con provisiones gratis y pensaba ser solamente un Salvador espiritual que tenía que ser espiritualmente apropiado, salieron de la sinagoga disgustados, dejando solamente a los doce. Ellos permanecieron fieles a pesar del abandono de parte de las masas, aunque Jesús previó que uno de los doce le entregaría. La burbuja de Galilea se había roto. Ahora que entendían a Jesús ya no le querían.

19. **Instrucción Especial para los Doce** (Mat. 15:1-18: 35; 8:19-22; Mar. 7:1-9:50; Luc. 9:18-62; Juan 7:1-10).

Ahora falta justamente un año hasta el fin (Juan 6: 4). Jesús no fué a esta pascua. La situación se había hecho tan peligrosa en Capernaum y en toda Galilea que Jesús se retiró como por seis meses a fin de escapar de la hostilidad de los fariseos, los celos de Herodes Antipas, y el fanatismo de sus discípulos nominales. Además de esto, sus discípulos necesitaban mucha instrucción si habían de estar de alguna manera listos para el evento de su muerte. Por esto los llevó fuera del país hasta territorio pagano (Tiro, Sidón, Decápolis, la región de Cesarea de Filipos). Era la estación del calor, y ellos estaban junto a la mar o en las montañas. Estando en territorio pagano (comp. el caso de la mujer siro-fenisa), Jesús tendría más tiempo para dar instrucciones especiales. Justamente antes de irse los Fariseos de Jerusalem hicieron otro ataque con motivo de que los discípulos comieran con las manos sin lavar. La respuesta de Jesús con su aguda ironía les irritó tanto que Pedro se aventuró a preguntar si Jesús lo había notado. Urgía llevar a otra parte a los apóstoles. Una sola vez durante este período volvió de Decápolis para hacer una breve visita en Galilea (Dalmanuta o Magadan), e inmediatamente los fariseos y los saduceos (éstos por vez prime-

ra) unieron sus esfuerzos para hacerlo caer en un lazo.
El clímax vino en la región de Cesarea de Filipos, cuando
Jesús puso a prueba a los apóstoles preguntándoles su
opinión de él. La respuesta de Pedro como quien hablaba por todos, fué noble y verdadera, aunque probablemente no comprendía del todo la significación de sus
palabras, pues es probable que todavía esperaba a un
Mesías político. Pero fué leal, y Jesús la aceptó en ese
sentido. Sin embargo, cuando poco después Jesús comenzó a revelar claramente la naturaleza de su misión
como el Mesías que envolvía su muerte, Pedro y todos
los demás dejaron del todo de entenderle sobre ese punto. La filosofía de la Cruz era todavía demasiado pro-
funda para ellos. Esto era cierto aun después de la Transfiguración, que tenía por fin ayudarlos a ellos, así como
a Jesús. Los apóstoles parecían ser incapaces de comprender la idea de un Mesías que había de morir y levantarse al tercer día. Sus mentes hasta se volvieron a
disputas triviales acerca de su propia grandeza al volver
a Capernaum. No faltaban ahora sino seis meses para
el fin, y sus mentes aun estaban embargadas.

20. Salvaje Frenesí en Jerusalem (Juan 7:11-10:21).

Jesús se determinó a ir de nuevo a Jerusalem para la
fiesta de los tabernáculos. Había pasado probablemente un año y medio desde que había estado allí. Sus hermanos (Juan 7:2-9) se habían burlado de él por ausentarse de allí. En la ciudad había especulación acerca de
su venida (Juan 7:11). La multitud de Galilea que estaba en la fiesta estaba dividida de opinión acerca de él.
Las autoridades de Jerusalem eran hostiles. El populacho
de la ciudad era desdeñoso. En esta confusión Jesús se
presentó enmedio de la fiesta y enseñó abiertamente en
el templo. No sólo eso, sino que venció a sus adversarios
en un debate público y se conquistó las simpatías de los
extranjeros que lo presenciaron. El esfuerzo del Sanedrín para hacer arrestar a Jesús hizo que Nicodemo saliera como campeón insistiendo en que éste no fuese tra-

tado injustamente. Por algunos días después de la fiesta, Jesús fué violentamente atacado por los fariseos a quienes expuso duramente denunciando su existencia desde antes de Abraham, lo cual los enfureció de una manera irrefrenable. La curación y la conversión del hombre nacido ciego es un hermoso estudio en agudeza, sarcasmo y sentimentalismo en último resultado. Jesús se retrató a sí mismo y a los fariseos por la alegoría del buen pastor y los ladrones, y en seguida se alejó de la ciudad.

21. **Esperando su Hora** (Luc. 10:1-17:10; Juan 10: 22-42).

Juan dijo expresamente que aun los soldados en la fiesta de los tabernáculos no pudieron tomar a Jesús porque su hora aun no había venido. Se acercaba con rapidez, pero aun no había llegado. Así fué que en Judea Jesús trabajó entre la fiesta de los tabernáculos y la fiesta de la dedicación (tres meses). Los setenta fueron enviados a un viaje especial, y volvieron con gozo. El último ministerio en Judea duplica en varias maneras las experiencias en Galilea. La parábola del Buen Samaritano se destaca como una represión dada a un abogado astuto. Jesús posaba con la familia (Marta, María y Lázaro) de Betania, cerca de Jerusalem. Volviendo a Jerusalem para la fiesta de la dedicación tuvo que soportar de nuevo las críticas de sus enemigos, que le acusaron de pretender ser igual a Dios. Con una respuesta apta Jesús se escapó de ellos y volvió a irse, esta vez a Perea (a Betania al otro lado del Jordán). Parece que el ministerio en Perea duró dos meses y, como el último ministerio en Judea, es contribución de Lucas a la historia del evangelio. Las cinco grandes parábolas en Lucas 15 y 16 pertenecen aquí además de las tres en Lucas 14. Los fariseos atacaron a Jesús aquí también y procuraron embrollarlo con Herodes Antipas o forzarlo a regresar a Jerusalem.

22. La Resurrección de Lázaro (Juan 11:11-54).

La negativa decisiva de Jesús de corresponder inmediatamente a la súplica de Marta y María de ir a ver a Lázaro los sorprendió mucho. El que se acercara tanto a Jerusalem después de sus recientes experiencias allí, asombró a los apóstoles. Fueron con él con el valor de la desesperación, pero Jesús fué como conquistador. Conquistó, sí, a la muerte. Marta se levantó a una grande altura de fe en su confesión a Jesús, y éste mostró simpatía especial con el pesar de María. El hecho de que sólo Juan narra este milagro se pone en contraposición con su autenticidad, pero el silencio de los sinópticos puede ser debido al hecho de que Lázaro vivía aún y era objeto del odio judaico cuando se escribieron los evangelios sinópticos. El milagro de por sí es más increíble que los otros casos de resurrección de los muertos. El efecto del milagro fué tremendo. El Sanedrín fué movido a una gran actividad e hizo planes formales para matar a Jesús por su atrevimiento y poder. Jesús se retiró a los cerros de Efraim, cerca de donde estuvo en la tentación al principio de su obra.

23. Yendo a Encontrar su Hora   (Mat. 19:1-20:34; Mar. 10:1-52; Luc. 17:11-19:28)

Jesús dejó la serranía de Efraím, fué hacia el norte por Samaria hasta Galilea para unirse con la caravana que iba de Galilea para guardar la pascua, con ella pasó el Jordán debajo del Mar de Galilea hasta Perea, y se dirigió lentamente al sur. Los fariseos se afanaron mucho porque Jesús hablara del reino, del divorcio, etc. Los mismos apóstoles parecen haberse animado con las grandes muchedumbres, manifestaron rivalidad acerca de sus lugares en el reino, a pesar de las palabras claras de Cristo acerca de su muerte como rescate del pecado. En Jericó el gentío estaba lleno de expectación, pensando que ya al fin Jesús inauguraría su reino mesiánico.

TOPICOS PARA LA REVISTA.

1. El Espíritu Santo y Jesús.
2. El Padre y Jesús.
3. Jesús y Juan el Bautista.
4. El diablo y Jesús.
5. Los rabíes y Jesús.
6. Los Samaritanos.
7. Las pretensiones de Cristo acerca de sí mismo.
8. Los doce apóstoles.
9. El Sermón del Monte.
10. Galilea.
11. Capernaum.
12. El Mar de Galilea.
13. Jesús como maestro.
14. Las parábolas de Jesús.
15. Los milagros de Jesús.
16. Las enseñanzas de Jesús.
17. Razones de la hostilidad de los fariseos .
18. Razones de la hostilidad de los saduceos.
19. Razones de la torpeza de los apóstoles respecto de la muerte de Cristo.

CAPITULO VI

LA TRAGEDIA EN JERUSALEM.

1. La Tensión Acerca de Jesús (Juan 11:55-12:1, 9-11).
Seis días antes de la pascua Jesús vino a Betania y posó en la casa de Marta, María y Lázaro. La ciudad estaba toda agitada sobre la cuestión de si se atreviera a arrostrar la enemistad abierta del Sanedrín que había determinado matarle. Hasta habían dado órdenes de que si alguien sabía dónde estaba se lo revelara para que fuese aprehendido. Parece que opinaron que no vendría. Pero la gente del pueblo pronto supo que estaba en Betania y salieron a verlo y también a Lázaro, a quien había levantado de los muertos. Los príncipes de los sacerdotes (Saduceos) resolvieron matar a Lázaro también, por ser él una refutación de su doctrina de que no había resurrección, y por esto convertía a muchos a la fe en Jesús.

2. El Valor de Cristo (Mat. 21:1-17; Mar. 11:1-11; Luc. 19:29-44; Juan 12:12-19).
Jesús hizo preparativos deliberados para anunciarse como el Mesías de una manera formal e inequívoca. De continuo había rehusado hacer esto desde la primera parte de su ministerio porque traería la crisis demasiado pronto. El pueblo entendió que él realmente reclamaba ser el Mesías por los términos que usaba, tales como el Hijo de Dios, el Hijo del hombre, pero esperaban un Mesías político, cosa que Jesús rehusaba ser. Sus enemigos hicieron lo posible para hacerlo decir en términos claros que pretendía ser el Mesías a fin de que tuvieran una acusación de blasfemia contra él. Aun

ahora no usará estas palabras, sino que permitirá que lo aclamen como Hijo de David. La entrada triunfal fué un desafío a sus enemigos y una proclamación de que era el Mesías hecho por un acto que todos entendieron. El pueblo estaba fuera de sí de gozo mientras se dirigían a la ciudad sobre las faldas del Olivete. Las muchedumbres fueron causa de desaliento para los Fariseos, pero Jesús no fué engañado. Sabía bien que Jerusalem le daría la muerte y traería condenación sobre sí misma. Pero siguió hasta los mismos atrios del templo y fué allí saludado por los niños como el Hijo de David, con gran disgusto de los eclesiásticos.

3. La Venida de los Griegos (Mat. 21:13-22, 12; Mar. 11:11-25; Luc. 19:45-48; Juan 12:20-50).

La entrada triunfal se verificó el domingo por la mañana; el lunes en la mañana Jesús volvió de Betania al templo y halló que una grande muchedumbre se había reunido allí para oirle. Por el momento era el héroe de Jerusalem en lugar de ser un proscrito. Afirmó su autoridad sobre el templo volviendo a limpiarlo como al principio (Juan 2). Los jefes se abatieron delante de él crugiendo los dientes con impotente furia. La petición de algunos griegos en la pascua de que se les presentase al gran Maestro asustó a Felipe y Andrés, porque la pared intermedia de separación entre el judío y el griego estorbaba. El incidente agitó en gran manera el corazón de Jesús, quien vió claramente que sólo por su Cruz sería derribada esta pared (comp. Efe. 2). Así que cuando fuese levantado, atraería a sí a todas las clases de hombres (judíos y griegos), y podrían ser vencidos los prejuicios de raza. Muriendo realmente viviría.

4. El Ultimo Día en el Templo (Mat. 21:23-23:39; Mar. 11:27-12:44; Luc. 20:1-21:4).

El martes en la mañana cuando Jesús entró en el templo, encontró oposición organizada que tenía por designio destruir su influencia sobre el pueblo. Los jefes del Sanedrín (tanto Fariseos como Saduceos) desafiaron su autoridad por lo que estaba haciendo (la entrada triunfal, el limpiamiento del templo, el enseñar públicamente en el templo). Tenía derechos técnicos para hacerlo así por no ser Jesús reconocido como rabí y por no tener el rango eclesiástico. La respuesta de Jesús, sin embargo, les infundió consternación. La única autoridad humana que tenía Jesús vino de Juan, quien le había bautizado y le había identificado como el Mesías. Por esto Jesús preguntóles su opinión del bautismo de Juan. Se vieron metidos en un desesperado dilema. Jesús replicó diciéndoles tres parábolas y con poder despiadado arrancó la máscara de sus rostros, prediciendo que Dios les quitaría su reino y lo daría a una nación que produciría los frutos de él. En turno los discípulos de los Fariseos (estudiantes de los seminarios rabínicos) y los herodianos vinieron contra Cristo, seguidos de los Saduceos y un doctor de la ley, todos los cuales fueron completamente derrotados, como paja delante del viento. Entonces Jesús demandó que explicaran cómo el Mesías fuese Señor de David y al mismo tiempo Hijo de David (el problema de la deidad y la humanidad del Mesías). No pudieron responder, y el pueblo oyó a Jesús gozosamente mientras derrotaba a sus enemigos. El fin vino en la terrífica denunciación de los Fariseos como hipócritas (Mat. 23), descargando su indignación contra ellos por su falsedad como guías religiosos, en realidad arrastrando a los hombres al infierno tras ellos mismos. La tempestad fué terrible y los llevó a todos. Jesús agotado, se sentó y miró a una pobre viuda que echaba dos blancas, todo lo que tenía, en el arca del tesoro. Llamó a sí a los apóstoles, porque aun ellos se habían retirado de él durante la tempestad de ira. Salió del templo de su Padre, y nunca volvió a entrar en él.

5. La tarde en el Olivete (Mat. 24:1-25:46; Mar. 13: 1-37; Luc. 21:5-36).

Los apóstoles quizás se sintieron cortados al salir de

los edificios del templo y probablemente procuraron aliviar la tensión haciendo observaciones acerca de los hermosos edificios, el orgullo de todos los judíos. Pero Jesús respondió que ni una piedra sería dejada sobre otra. Subieron a la cumbre del Olivete y sentándose miraron la ciudad y el templo a la luz de la tarde. Los discípulos se acordaron de la asombrosa observación de Cristo. Tres catástrofes estaban en la mente de Jesús (su propia muerte, la ruina de Jerusalem y el templo, y el fin del mundo). La ruina de Jerusalem sería el castigo por el trato dado a él, y era también un tipo del fin del mundo. Los cuadros están mezclados y para nosotros indistintos en su presentación como la perspectiva, vista a través de una ventana abierta en una pintura. No podemos claramente separar las partes de este gran discurso escatológico que trata de la segunda venida o el fin del mundo, de las que se refieren a la destrucción de Jerusalem. Ciertas partes puedan referirse a las dos cosas. Al fin las parábolas pintan solamente el fin y el deber de ser vigilantes y prontos. Así fué como los apóstoles fueron amonestados con tiempo de la destrucción de Jerusalem, aunque hay críticos que no vacilan en afirmar que estas narraciones fueron escritas después de los acontecimientos. Este apocalipsis de Jesús recuerda los apocalipsis judaicos y la Revelación.

6. Fraguando la Muerte de Cristo (Mat. 26:1-16; Mar. 14:1-11; Luc. 22:1-6; Juan 12:2-8).

El Sanedrín se reunió esta misma noche del martes. Les era intolerable ser burlados en el mismo templo y en presencia de todo el pueblo. Si no habían podido contestarle, podrían sí matarle. Sin embargo temieron tocar a Jesús mientras duraba la fiesta a causa de la presencia de las muchedumbres de Galilea. Sería mejor, pues, esperar hasta que se acabara la fiesta y se fuera toda la gente. En esta coyuntura Judas Iscariote apareció de repente en la conferencia privada de los jefes con un plan por el cual podrían prender a Jesús durante la fiesta. En una palabra, podría prenderle en la noche mientras oraba en el huerto de Getsemaní. Ofrecieron a Judas treinta piezas de plata, el precio de un esclavo, y aceptó el soborno. Pero no se hizo traidor meramente para ganar el dinero, aunque sí era avaro. Sus motivos eran mezclados. A pesar de la entrada triunfal, había visto a Jesús denunciar a los jefes de la tierra y proclamar la caída de Jerusalem. Esta misma noche Jesús había predicho su propia muerte después de dos días. No había nada en el llamado reino de Dios para Judas con el Rey muerto. Además de esto, Jesús había puesto en ridículo a Judas delante de la compañía en la casa de Simón el leproso y había alabado a María como si ella sola tuviera previsión mientras le ungía con anticipación para su sepultura. Se resolvió a cuidarse a sí mismo salvando lo que pudiera del naufragio. Podría vengarse hasta cierto punto, de todos modos.

7. Rivalidad entre los Apóstoles en la Ultima Pascua (Mat. 26:17-20; Mar. 14:12-17; Luc. 22:7-16, 24-30; Juan 13:1-20).

Esta es una de las ocasiones más tristes. Jesús había anticipado con ansia esta última comida. Fué la última vez que comieron juntos y se verificó al tiempo acostumbrado (a la puesta del sol del jueves, el principio del día 15 de nisán). Los sinópticos hablan claramente sobre este punto, y el Evangelio de Juan realmente está de acuerdo con esta idea. Pero cuando se reunieron en el aposento que ya había sido preparado (probablemente en la casa de María, madre de Juan Marcos), Jesús halló a los doce discípulos en una contención tocante a cuál de ellos merecía el honor de reclinarse junto a él en la mesa. Los reprendió por portarse como los paganos, pero continuaron la contienda aun después de resuelta ésta, con Juan en el puesto de honor. Justamente en medio de la comida Jesús se levantó y les lavó los pies para darles una lección objetiva de la humildad.

8. Señala al Traidor (Mat. 26:21-25, 31-35; Mar. 14: 18-21, 27-31; Luc. 22:21-23, 31-38; Juan 13:21-38).

Fué una comida triste. Al fin Jesús los miró y dijo: "Uno de vosotros me ha de entregar." Para todos menos para Judas fué como un rayo en un cielo azul. Alarmados preguntaron "¿Soy yo?" Aun Judas logró pasar sin que sospechasen su maldad. Pero Jesús le reveló que entendía perfectamente su complot, y le despidió. Los demás, por estar tan aturdidos, no comprendieron lo que pasó entre Jesús y Judas. Así Judas salió a la obscuridad de la noche. El diablo había acometido a Judas y había tomado lo que le pertenecía. ¿Podría ganar a alguno de los demás? Por cierto procuraría hacerlo, puesto que se había esforzado para tentar a Jesús mismo. Jesús previno a los discípulos de que Satanás los zarandearía a todos como a trigo. El diablo se regocijó en la caída de un predicador. Particularmente Jesús dijo que había orado por Simón Pedro. Este interés especial excitó la indignación de Pedro, quien protestó que le sería fiel hasta la muerte aunque todos los hombres le abandonaran. Así dijeron todos. La amonestación de Jesús aun predijo que esa misma noche Pedro lo negaría. Seguramente fué un tiempo crítico. ¿Qué eran dos espadas en semejante emergencia?

9. El Memorial de la Muerte de Cristo (Mat. 26:26-29; Mar. 14:22-25; Luc. 22:17-20; 1 Cor. 11:23-26).

La solemnidad del momento era evidente. Jesús dió un giro místico y simbólico a todo, tomando de repente el pan y el vino y presentando cada uno a los apóstoles como un cuadro de su muerte para la remisión del pecado, un memorial de su muerte y una promesa de su vuelta. Los antiguos tenían sus misterios y comidas místicas. La idea era común en todo el mundo, pero Jesús la tomó y la santificó para ayudar a los discípulos y sus adherentes a comprender y conservar el poder de su muerte y resurrección y su apropiación mística de Cristo y unión unos con otros en Cristo (1 Cor. 10:17).

Los discípulos estaban probablemente demasiado aturdidos para entenderlo por completo todavía. Pablo nos dice que consiguió su relación del acontecimiento directamente del Señor, y Lucas sigue la narración de Pablo. Las de Mateo y Marcos son casi idénticas.

10. El Discurso de Despedida (Juan 14-17).

Los Evangelios sinópticos no dicen de lo que tuvo lugar en el aposento alto, sino que cantaron un himno y salieron (Mat. 26:30; Mar. 14:26) para el Getsemaní. Pero el Cuarto Evangelio da un relato muy notable de la plática y oración de Cristo después de la cena. Revela el mismo corazón de Cristo, lleno de ternura, simpatía, amor y anhelo de ayudarlos. Una parte, después de Juan 14:31, puede haberse dicho en el camino al Getsemaní, o mientras estaban en pie antes de salir. Jesús procuró consolar a sus discípulos en vista de su partida. Escucharon al principio con protestas suaves, pero al fin guardaron silencio mientras Jesús hablaba acerca del hogar celestial, el camino para él, su revelación del Padre, su vuelta, el nuevo Consolador que había de tomar su lugar, el Espíritu Santo, su unión con él como los pámpanos con la vid, su amor mutuo, la nueva luz del gran Maestro (el Espíritu Santo). Luego cesó e hizo la admirable oración de consagración dejándolos en manos del Padre. Anhelaba la unidad de espíritu en su obra en lugar del espíritu receloso que ya se veía entre ellos. En el silencio de la noche salieron para Getsemaní.

11. La Lucha en el Huerto (Mat. 26:36-46; Mar. 14:32-42; Luc. 22:39-46; Juan 18:1).

Era la costumbre de Jesús ir a un sitio especial en el Huerto de Getsemaní para orar a solas. Tenía su lugar de oración (su propio **proseuche**). Sabiendo lo que Judas iba a hacer, deseaba pasar un poco de tiempo en privado con el Padre. Por esto puso de guardia dos grupos de sus discípulos (en primer lugar a los ocho, y después a Pedro, Santiago y Juan). Fué bien poco para que lo hicieran mientras Jesús buscaba fuerzas para su gran prueba—fuerzas que sólo el Padre podía dar. Era la hora de su más grande peligro y necesitaba mucha simpatía humana y ayuda divina. El diablo salió a su encuentro en su hora de debilidad, como antes, después de su largo ayuno. El primer grito del corazón de Jesús fué la protesta humana contra el pecado del mundo al sentir su peso en su alma. Pronto volvió en sí y se rindió dispuesto a beber el vaso hasta las heces. La agonía fué intensa. Tres veces procura la comunión con los tres discípulos. Pero las tres veces le faltaron (estando dormidos). Un ángel vino a fortalecerlo, cuando los hombres dejaron de hacerlo. Pero ganó la victoria y ahora estaba listo para el Calvario.

12. La Traición (Mat. 26:47-56; Mar. 14:43-52; Luc. 22:47-53; Juan 18:2-12).

Judas sabía el lugar y las costumbres de Jesús, y se aprovechó de su conocimiento para consumar su hecho diabólico. Vino con soldados y una grande multitud. Jesús afirmó su poder e hizo claro que su rendición era voluntaria. Pero aun así Judas persistió en llevar a cabo su plan arreglado de antemano, besando a Jesús para dar la señal. El instinto de Pedro le hizo pelear, y cortó la oreja derecha de Malco, siervo del sumo sacerdote, en un esfuerzo para quitarle la cabeza. Pero Jesús mandó a Pedro que envainara su espada, y todo acabó. Jesús se había rendido, y no quiso dejar a los discípulos pelear por él. Todo fué increíble, pero demasiado cierto. Todos huyeron aterrorizados para salvar sus propias vidas. Pedro estaba en peligro especial a causa de su hecho violento. Fué la hora y la potestad de las tinieblas cuando llevaron a Jesús atado.

13. Jesús Maltratado por Anás (Juan 18:12-14, 19-23).

No fué un juicio, porque Anás no era ya sumo sacerdote, aunque sí lo era Caifás, su yerno. Mientras el Sanedrín se reunía, Jesús fué dejado con Anás, quien aprovechó la oportunidad hablando despreciativamente de los discípulos y las enseñanzas de Jesús. El Maestro demandó un juicio justo, a lo que tenía derecho, cuando fué golpeado por un espectador. No puso la otra mejilla, ni volvió el golpe.

14. Acusado ante el Sanedrín (Mat. 26:57, 59-68; 27:1; Mar. 14:53, 55-65; 15:1; Luc. 22:54, 63-23:1; Juan 18:24, 28).

Se apresuraron a reunir al Sanedrín de una vez, y fué una reunión cabal, aunque probablemente Nicodemo y José de Arimatea no fueron llamados. Todo el procedimiento fué una farsa. El Sanedrín ya no tenía el poder de dar muerte, pero estaba resuelto a condenar a Jesús, en parte como una protesta contra la pérdida de su poder, pero principalmente para vengarse por lo que Jesús les había hecho. Además de esto la reunión se hizo en la noche, lo cual era ilegal en casos capitales. Tampoco no había habido acusación ni órdenes escritas para su arresto. Fué llevado ante el Sanedrín sin que hubiese acusación contra él. No hubo testigos, ni le fué permitido a Jesús procurar algunos. Además de esto, el Sanedrín obró como acusador y como juez. Realmente tuvieron que sobornar testigos para que testificasen contra Jesús. Aun así los testigos falsos pervirtieron lo que Jesús había dicho acerca del templo, y no estaban de acuerdo entre sí. También el sumo sacerdote conjuró a Jesús y lo hizo testificar contra sí mismo. Por su propia confesión de que era el Mesías, el Hijo de Dios, fué acusado de la blasfemia y condenado. No fué necesario que Jesús testificara excepto que el rehusar hacerlo se interpretaría como una negación. De este modo le condenaron a muerte, y por añadidura se burlaron de él. Para dar un poco más de apariencia de legalidad a lo que habían hecho se reunieron de nuevo después de amanecer y volvieron a votar.

15. Las Negaciones de Pedro (Mat. 26:58, 69-75; Mar. 14:54, 66-72; Luc. 22:54-62; Juan 18:15-18, 25-27).

Es una historia lastimosa la que tenemos que considerar ahora. Pedro no tuvo valor de entrar al tribunal, como lo hizo Juan, pero tampoco pudo ausentarse del todo, como los otros discípulos. De modo que adoptó una conducta media, quedándose en el patio abierto junto a la lumbre con los criados, esperando ocultarse y no obstante estar bastante cerca para ver lo que sucedía. Pronto fué reconocido, y de repente negó conocer a Jesús. Parece que volvió a la puerta, porque las narraciones varían en el orden de los acontecimientos, y de nuevo fué acusado de ser adherente de Jesús. Fué una hora después cuando de nuevo junto a la lumbre, un pariente de Malco, cuya oreja Pedro había cortado, le preguntó si no le había visto en el huerto. Eso fué demasiado, pues quería decir que Pedro mismo corría grande peligro de su vida. Por esto negó con juramento y maldiciones. Jesús le vió por la puerta abierta, y su mirada quebrantó el corazón de Pedro. ¡Cómo han caído los fuertes! Y el gallo cantó, y Pedro salió y lloró amargamente.

16. Suicidio de Judas (Mat. 27:3-10; Hech. 1:18).

Es posible que Judas esperaba que al fin Jesús mostraría su poder escapando de las manos de sus enemigos. Es aun posible que se imaginara que el arresto forzaría a Jesús a afirmar sus pretensiones a ser un Mesías político. No puede uno saber los procesos de un corazón sórdido como el de Judas. De todos modos le sobrevino el remordimiento. Arrojó el dinero, el precio de sangre, a los pies del Sanedrín y fué y se ahorcó, cayendo a plomo y dividiéndose en dos. Fué el campo de un alfarero el que compraron con el precio de la sangre, y fué manchado con la sangre de Judas.

17. Llevado ante Pilato (Mat. 27:11-14; Mar. 15:2-5; Luc. 23:2-5; Juan 18:28-38).

El Sanedrín llevó a Jesús ante Pilato, el procurador romano, lo más pronto posible, a la salida del sol (Juan 19:14). Ansiaba obtener la condenación de Pilato antes de que entrara en la ciudad el pueblo que estaba acampado sobre los montes afuera. No dijeron nada a Pilato acerca de su juicio y condenación de Jesús, ni acerca de la acusación de blasfemia. En lugar de ésta, hicieron otras tres (perversión de la nación; prohibiendo dar tributo a César; pretendiendo ser rey). La primera fué vaga, la segunda fué claramente mentirosa. La tercera fué mentirosa en el sentido que le dieron, porque Jesús no pretendió ser un rey político, sino solamente un rey espiritual, como sabía bien el Sanedrín. En verdad, el motivo principal de descontento entre los Fariseos fué precisamente que Jesús no quería ser un Mesías político. Pilato tuvo que prestar atención a esta acusación, porque era realmente alta traición. Pero pronto supo por un examen privado que Jesús no pretendía ser rival de César. Falló que Jesús era inocente y deseaba ponerle en libertad, pero los jefes gritaron más que nunca.

18. Enviado a Herodes Antipas (Luc. 23:6-12).

La mención de Galilea por los jefes dió a Pilato un rayo de esperanza. Era el país de Herodes Antipas, quien no quería a Pilato. Podría complacer a Herodes y deshacerse de un caso molesto, al mismo tiempo. Además de esto, Herodes nunca había visto a Jesús, y deseaba verle hacer algún milagro como cualquier titiritero. Pero no logró que Jesús les respondiera siquiera una palabra, y volvió a enviarle a Pilato burlescamente vestido con esplendor.

19. Condenado a Muerte por Pilato (Mat. 27:15-30; Mar. 15:6-19; Luc. 23:13-25; Juan 18:39-19:16).

El plan de Pilato para salvarse de toda responsabilidad había fracasado. Temía ofender a los judíos, porque enviarían quejas a Roma acerca de él, y ya tenían algunas cosas de que podrían acusarle. Sabía que el Sanedrín había traído a Jesús delante de él por envidia, y, además de esto, su esposa le había amonestado acerca de un sueño que había tenido. Tuvo un recurso más. Procuró influir en el pueblo para que pidiera a

Jesús como el prisionero que había de ser librado en la fiesta conforme a la costumbre. Pero el Sanedrín volvió a frustrar su plan, persuadiéndolo a que pidiera a Barrabás. Respondiendo a su pregunta de que qué deseaba que se hiciera con Jesús, gritaron: "¡Crucifícale!" Algunas de las mismas voces que el domingo le saludaron como el Mesías, en viernes clamaron por su muerte. Pilato tuvo la debilidad de ceder al clamoreo para su muerte después de otros esfuerzos fútiles para ponerle fin. Amenazándole los jefes con dar informes acerca de él a César, se rindió y consintió en la muerte de un hombre a quien repetidas veces había pronunciado inocente. Como otros hombres culpables, procuró lavarse las manos de la sangre de Jesús mientras el pueblo tomó esa sangre sobre sí mismo y sobre sus hijos. Hubo suficiente culpabilidad para todos.

20. Llevado al Suplicio (Mat. 27: 31-34; Mar. 15:20-23; Luc. 23:26-33; Juan 19:16).

Los groseros soldados romanos hicieron burla de Jesús hasta que fué llevado para ser crucificado a las nueve de la mañana. La cruz fué llevada al principio por Jesús mismo como era costumbre con los criminales. El forzar a Simón, un cireneo a llevarla fué un antojo de los soldados. Jesús tuvo que sufrir la vergüenza de la Vía Dolorosa. El lugar de la crucifixión estaba fuera de la ciudad, cerca de un jardín, y cerca de un camino. El lugar más probable es el que es llamado el Calvario de Gordón, al norte de la ciudad. A alguna distancia parece un cráneo. Aquí fueron colocadas las tres cruces, estando la de Jesús en medio, la que habría sido ocupada por Barrabás. El cuerpo fué probablemente clavado en la cruz antes de que fuera levantada.

21. La Muerte en la Cruz (Mat. 27:35-56; Mar. 15:24-41; Luc. 23:33-49; Juan 19:18-30).

La tragedia de la cruz es el acontecimiento central de la historia. Los judíos, que por tanto tiempo habían esperado un Mesías le mataron cuando vino. Pilato colocó arriba de la cruz en latín, griego y hebreo la acusación de que Jesús era el Rey de los judíos. No hay lugar para discutir los detalles dados en los Evangelios. Jesús fué colocado en la cruz como a las nueve y murió como a las tres de la tarde. Al medio día sucedieron las espantosas tinieblas. Al principio los soldados echaron suertes sobre la túnica sin costura de Cristo, mientras oraba él por sus enemigos. Los que pasaban, el Sanedrín, los soldados y aun los dos ladrones en las cruces a cada lado, se burlaban de Jesús. Uno de los ladrones volvió en sí y halló vida en la hora de la muerte. Jesús encomendó a su madre a Juan, el cual la quitó del horror de esta hora. Las tinieblas duraron tres terribles horas. Al fin Jesús quebrantó el silencio con un lamento desconsolado por el aparente abandono del Padre cuando se hizo pecado por nosotros (2 Cor. 5:21). Pero Jesús estuvo en su conocimiento hasta el fin y, aunque abrasándose de sed, ganó la victoria en la hora de la muerte. Murió con las palabras del Salmista en sus labios. Eventos sobrenaturales acompañaron a esta consumación. Los expectadores volvieron a la ciudad en silencio. El centurión romano quedó profundamente impresionado. Los que vieron este fin de la vida de Jesús comprendieron poco de lo que esto significaba. Jesús sabía lo que sufría, pero los discípulos y las mujeres no entendieron que moría por el pecado del mundo.

22. La Sepultura (Mat. 27:57-66; Mar. 15:42-47; Luc. 23:50-56; Juan 19:31-42).

Es Juan quien dice del deseo de los judíos de que los cuerpos fuesen quitados antes de la puesta del sol cuando empezaba el Sábado. Los soldados romanos quebraron las piernas de los dos ladrones para apresurar su muerte, pero no fué necesario en el caso de Cristo, puesto que una lanza metida en su costado hizo salir agua y sangre, prueba de que Jesús había literalmente muerto de un corazón quebrantado (de un vaso de sangre roto en el corazón). No se puede menos que honrar a José de Arimatea, aunque tímido hasta ahora, por su valor y amor en pedir a Pilato el cuerpo de Jesús para colocarlo en su nuevo sepulcro. Nicodemo y José sepultaron su cuerpo, envuelto con mirra y áloe, con tierno amor. Las fieles mujeres miraron con ojos tristes dónde le depositaron.

23. El Temor del Sanedrín (Mat. 27:62-66).

El Sanedrín tuvo una idea molesta, sentimiento misterioso al acercarse el Sábado, de que algo podría suceder. Por esto lograron que el sello romano fuese puesto en el sepulcro y que fuera puesta una guardia romana al lado de él. Nadie ahora podría molestar ese sepulcro. Jesús estaba muerto, y su cuerpo tendría que quedarse en el sepulcro.

24. El Sábado Triste (Luc. 23:56).

Las mujeres reposaron el sábado, todo lo que pudieron. ¿Qué hizo Pedro? ¿Y Juan? ¿Y la madre de Jesús? El ángel Gabriel había venido a verla hacía mucho, pero ahora su glorioso Niño de promesa estaba en el sepulcro, crucificado como un hereje e impostor. ¿El futuro? ¿Acaso había futuro?

———o———

Tópicos para la Revista.

1. Expectaciones mesiánicas de los judíos.
2. El Cristo predicho.
3. Procedimientos judiciales de los judíos.
4. El juicio judaico de Jesús.
5. La justicia romana.
6. El juicio romano de Jesús.
7. La destrucción de Jerusalem.
8. La intuición de María de Betania.
9. Judas Iscariote.

10. Las negaciones de Pedro.
11. La conducta de Pilato en el juicio.
12. La propiciación.
13. La cena del Señor.
14. Los dichos de Jesús en la cruz.
15. José de Arimatea.
16. **María, la madre de Jesús al pie de la cruz.**

CAPITULO VII

LA RESURRECCION DE JESUS.

1. El Hecho de la Resurrección.

La resurrección de Cristo es el hecho decisivo para el cristiano. Jesús repetidas veces predijo que se levantaría de los muertos al tercer día como prueba de su afirmación de ser el Mesías, el Hijo de Dios. Otros hombres fueron levantados de los muertos, pero en el caso de Jesús, se había hecho que su pretensión de ser divino dependía de su vuelta del sepulcro conforme a sus predicciones. Por esto la prueba de este hecho es de suprema importancia. La prueba es variada y convincente. Muchos hombres que tienen dudas acerca de algunos de los milagros narrados en los Evangelios no ven modo de escaparse de la convicción de que Cristo se levantó de los muertos. En verdad, las mismas divergencias en las narraciones de los Evangelios muestran la independencia del testimonio. El caso de Pablo es de valor tremendo puesto que él mismo afirma que vió a Cristo después de su muerte. Ningún hecho de la historia humana es mejor atestiguado que la resurrección de Jesús.

2. La Duda de los Discípulos.

Jesús había trabajado afanosamente para preparar a los discípulos para el gran evento de su muerte. Dejaron completamente de comprenderlo, y los Evangelios relatan fielmente este fracaso. El eclipse de su fe fué completo. Su promesa de la resurrección se desvaneció de sus mentes juntamente con todas las demás de las enseñanzas de Cristo. El problema de Jesús, al levantarse era convencer a estos hombres que realmente vive de nuevo. El avivamiento de fe, esperanza y poder puede explicarse solamente sobre la base de la resurrección de Cristo de los muertos. No estaban predispuestos a creerla sino a descreerla. En verdad, no creyeron el testimonio de María y las otras mujeres a quienes Jesús apareció al principio. Pero su duda hace más fácil para nosotros creerlo.

3. Teorías de la Resurrección.

Se han hecho muchos esfuerzos para probar que Jesús no resucitó. El valor del testimonio ha sido atacado como inconsecuente y contradictorio. Se ha afirmado que, por esperar los discípulos su vuelta, se figuraron que le vieron. Se ha declarado que las mujeres excitables dieron origen a toda la historia. Desgraciadamente todas estas teorías son contradictorias por el contexto de las narraciones. Se alega también que Jesús no estuvo realmente muerto, sino desmayado, y volvió en sí. También se afirma que las mujeres y los discípulos tuvieron visiones que eran reales, pero que el cuerpo de Jesús se quedó en el sepulcro. Vieron, en otras palabras, el espíritu de Jesús. Se sostiene que la única cosa que es esencial que creamos, es que Jesús vive todavía sin ninguna referencia a su cuerpo que fué sepultado. Pero ninguna de estas teorías satisface las demandas de las narraciones de que el cuerpo de Jesús fué restaurado a la vida con su espíritu y fué trasladado y glorificado y ascendido al Padre. El misterio queda en todo caso. Podemos, sin embargo, decir que la ciencia no puede afirmar que una resurrección es imposible. Para con Dios, todo es posible.

4. La Duración de la Estancia de Cristo en la Tumba.

Lucas (23:54) dice que Jesús fué sepultado el día de la Preparación (el día anterior al sábado, nuestro viernes), y estaba para rayar el sábado (o amanecía, esto es, a la puesta del sol cuando comenzaba el día de veinticuatro horas entre los judíos). Fué el viernes en la tarde entre las tres y las seis cuando fué sepultado Jesús. Lucas añade (23:56) que las mujeres descansaron el día del Sábado. Lucas declara (24:1) que muy de mañana (a la salida del sol, dice Marcos 16:2) en el primer día de la semana (domingo) las mujeres vinieron al sepulcro y lo hallaron vacío. Así Jesús estuvo en el sepulcro una parte del viernes, todo el sábado y una parte del domingo (como nosotros contamos los días). Jesús había dicho que se levantaría al tercer día, y esto es lo que hizo. De haberse quedado en el sepulcro más de tres días enteros, se habría levantado el cuarto día y no el tercero. La expresión después de tres días usada unas pocas veces, puede entenderse como una manera de hablar, común a todos los idiomas.

5. La Visita de las Mujeres el Sábado en la Tarde (Mat. 28:1; Mar. 16:1).

Mateo (28:1) dice "la víspera del sábado" cuando iba amaneciendo el primer día, María Magdalena y la otra María vinieron a ver el sepulcro. Este lenguaje propiamente no puede significar otra cosa sino que la visita fué hecha justamente antes de la puesta del sol, porque el primer día empezaba a la puesta del sol. Probablemente no se acercaron al sepulcro puesto que no vieron la guardia romana. Marcos (16:1) hace una adición en armonía con esta declaración manifestando que cuando ya había pasado el sábado las dos mujeres fueron y compraron especies para que pudieran ungir el cuerpo de Jesús la mañana siguiente (Mar. 16:2). Esta compra se hizo, pues, justamente después de la puesta del sol.

6. La Visita de las Mujeres el Domingo en la Mañana (Mat. 28:2-8; Mar. 16:2-8; Luc. 24:1-8; Juan 20:1).

Evidentemente las mujeres deseaban ir lo más temprano posible el domingo en la mañana, puesto que no había tiempo de hacer el viaje (como dos millas de Betania) después de la puesta del sol el sábado. Salieron tempranito, siendo aun oscuro, y cuando llegaron a la tumba el sol había salido. No sabían nada del sello romano y la guardia y no comprendían cómo quitarían la piedra. María Magdalena fué alarmada por el sepulcro abierto, temiendo que el cuerpo de Jesús hubiese sido quitado. Corrió para decirle a Pedro y Juan. Las otras vieron a los dos ángeles (varones) y oyeron el mensaje para los discípulos acerca de la resurrección de Jesús. Todo fué muy maravilloso. Tuvieron sentimientos mezclados de temor y gozo. Habían de decir a los discípulos, y a Pedro en particular, que debían ir a encontrar a Jesús resucitado en la montaña señalada en Galilea. No se dijo nada de verle más pronto. Las mujeres no vieron a Jesús entonces, sino solamente el sepulcro vacío, o más bien el sepulcro ocupado por dos ángeles (varones) quienes les dijeron de su resurrección.

7. La Visita de Pedro y Juan (Juan 20:2-10).

El asombroso informe de María Magdalena incitó a Pedro y Juan (nótese la cooperación de nuevo de Pedro) a moverse. Juan corrió más presto que Pedro, pero se detuvo mientras Pedro entró dentro, y luego entró también Juan. Pero la fina intuición de Juan le reveló que Jesús había sido resucitado de los muertos, puesto que los lienzos estaban puestos en orden. El cuerpo no había sido robado del sepulcro. Juan fué el primero de los apóstoles que se convenció de que Jesús había resucitado, aunque no le había visto. El grupo de mujeres y Juan creyeron, pero nadie había hasta ahora visto a Jesús vivo.

8. María y Jesús (Mar. 16:9-11; Juan 20:11-18).

María Magdalena no procuró correr tan aprisa como Pedro y Juan. Cuando ella llegó a la tumba, ellos se habían ido. Es bastante curioso que Pedro y Juan no vieron a los ángeles, y sin embargo María los vió cuando llegó. No aparece ninguna explicación de esta dificultad. Pero es probable que María los miró sencillamente como hombres y les dió su explicación de la dificultad, esto es, que el cuerpo de Jesús había sido quitado. La escena entre María y el jardinero (como suponía ella), cuando se volvió atrás es relatada por Juan con belleza exquisita y maravilloso poder. Se le reveló llamando su nombre con el acento de otro tiempo, aunque al principio no le reconoció, como sucedió con otros cuando vieron al Cristo resucitado, porque apareció a veces en una forma cambiada, o sus ojos fueron detenidos. Pero María fué la primera de todos para ver a Jesús. No se le permitió poner sus manos sobre él, pero llevó un mensaje a los apóstoles. Tuvo la más grande de todas las palabras que decir: "He visto al Señor." Pero no la creyeron pensando probablemente que los demonios la tenían de nuevo. ¿Por qué no la creyó Juan?

9. El Informe de la Guardia (Mat. 28:11-15).

Es interesante notar que la guardia fué al Sanedrín, no a Pilato. Dijeron la verdad también acerca de la resurrección de Jesús, pero el Sanedrín no fué convertido al cristianismo a causa de ella. Los de la guardia eran los únicos testigos oculares del estupendo acontecimiento. El Sanedrín no disputó la corrección del informe, sino que ofrecieron a la guardia un cohecho para que dijeran que los discípulos robaron el cuerpo de Jesús, mientras ellos dormían, una explicación necia, puesto que, si estaban dormidos, no podrían saber nada de lo que sucedía. El Sanedrín prometió también proteger a la guardia de Pilato si él llegara a saberlo. Esta es la ridícula historia que se relató por algunos años.

10. Las Otras Mujeres y Jesús (Mat. 28:9; Luc. 24: 9-11).

Ya se había dicho a estas mujeres que Jesús había resucitado. Cuando lo vieron cayeron a sus pies y lo adoraron. Este Jesús lo permitió. Jesús les dijo que fuesen a decir a sus hermanos que le encontraran en Galilea. Pero les pareció a los apóstoles un desvarío, y no creyeron a estas mujeres como lo habían hecho con María Magdalena, disponiendo eficazmente de la teoría moderna que las mujeres originaron la creencia en la resurrección. Ninguno de ellos creyeron su historia.

11. Cleofas y sus Compañeros (Mar. 16:12; Luc. 24: 13-32).

Esta narración en Lucas es probablemente la más hermosa historia en el mundo. Los dos discípulos que vivían en Emmaús (al occidente de Jerusalem) habían ido a Jerusalem para ver cómo se sentían los discípulos con la muerte de Jesús. Los encontraron desesperados a pesar de la historia de las mujeres, que nadie creía. Estaban hablando entre sí, recordando todos los tristes detalles, cuando un extraño se juntó con ellos y escuchó su narración de la carrera de Jesús y en particular de los acontecimientos recientes. Pero pronto el extraño era su Maestro, mostrándoles cómo los padecimientos del Mesías fueron predichos en las Escrituras. Sus corazones ardían en ellos, pero no entendieron hasta que en la cena en su casa en Emmaús el extraño dió gracias; entonces sus ojos fueron abiertos y él se desapareció.

12. Simón Pedro (Luc. 24:33-35; 1 Cor. 15:5).

Muy poco dice acerca de la aparición de Jesús a Simón Pedro, pero es claro que este fué el hecho cardinal en la prueba de que Jesús estaba vivo y ya no muerto. Faltan todos los detalles, pero tan grande fué la impresión que hizo que apresuradamente convocaron a los hermanos y hermanas a reunirse esa misma noche (del domingo) para oír lo que les diría Simón. Cuando los dos de Emmaús llegaron para decir su maravillosa historia fueron interrumpidos en la puerta con la declaración: "Ha resucitado el Señor verdaderamente y ha aparecido a Simón." Bastaba esta prueba. Después de todo, las mujeres no se habían equivocado. Luego Cleofas relató su historia.

13. La Reunión del Domingo en la Noche (Mar. 16:14; Luc. 24:36-43; Juan 20:19-25).

El lugar no se da, pero probablemente fué la casa de María, madre de Juan Marcos (quizás el mismo aposento alto). Por algún motivo Tomás estaba ausente (no pudo ser hallado o no quiso venir). Las puertas estaban cerradas por temor a los judíos. Era una maravillosa reunión de los discípulos que habían del todo perdido las esperanzas, y que han llegado a creer ahora que Jesús vive todavía. No se había perdido todo. Todo podía ganarse. Es preciso conferenciar. Fué en esta reunión donde Jesús de repente apareció, metiendo a todos de nuevo en consternación y en dudas. Tuvo que volver a convencerlos desde un principio que no era mero fantasma, sino que estaba realmente vivo y era su persona. Les mostró la señal de los clavos. Comió un pedazo de pez asado para convencerlos de la verdad. Está fuera de nuestra comprensión cómo podría ser cierto todo esto de un resucitado de los muertos. Estaba en un estado de transición, y no aun glorificado. Jesús les dió una comisión enviándolos para bendecir el mundo. Fué una gran ocasión. Cinco veces en este primer día Jesús había aparecido a uno u otro de los creyentes.

14. El Siguiente Domingo en la Noche (Juan 20:24-31).

El siguiente domingo sintieron que era preciso volver a reunirse. No tenían promesa de que Jesús volvería a venir, pero de todos modos deberían reunirse. De alguna manera lograron persuadir a Tomás a que viniera a pesar de su escepticismo e indiferencia. Había puesto una condición para su fe. Las puertas estaban cerradas como antes, pero de repente Jesús apareció y retó a Tomás a satisfacer las demandas de su fe. Para crédito de Tomás sea dicho que no procuró meter su mano en el costado de Jesús, sino hizo la noble confesión de la deidad de Jesús, la más grande confesión hecha hasta entonces por alguno de los discípulos. Ahora todo el grupo fué convencido. Jesús habló bondadosamente de los que en el futuro creerían en él sin haberlo visto.

15. Junto al Mar de Galilea (Juan 21).

Por algún motivo vemos a siete de los apóstoles de nuevo junto al Mar de Galilea. Probablemente no había llegado el tiempo para la reunión sobre la montaña. De todos modos estaban de nuevo en sus lugares antiguos después de sus experiencias tan grandes y extrañas. Algunos de ellos eran pescadores de profesión y Pedro ya no pudiendo resistir el impulso, anunció su propósito. Inmediatamente fué secundado por los otros seis, pero tuvieron la mala suerte como pescadores, pues trabajaron toda la noche sin coger nada. En el crepúsculo de la aurora vieron una figura, que se dirigió a ellos con la expresión de:"Hijitos." La naturaleza sensitiva de Juan supo que era Jesús y Pedro obedeció desde luego el impulso. La escena en la playa, después de recogida la gran cantidad de peces y la comida estuvo llena de reminiscencias para Pedro. Jesús probó su corazón buscando su jactancia de antaño acerca de amarle más que los demás. La lumbre, el crepúsculo y las tres preguntas hirieron su corazón con el recuerdo de sus negaciones. Pero Jesús encargó a Pedro el deber de apacentar a sus ovejas toda vez que era realmente humilde y estaba lleno del Espíritu de Dios. Esto se cumplió en Pentecostés. Se le prometió a Pedro una verdadera corona de mártir, ya que no tenía tanta confianza de sí mismo, pero aun así tenía curiosidad acerca de Juan.

16. Sobre el Monte en Galilea (Mat. 28:16-20; Mar. 16:15-18; 1 Cor. 15:6).

Al fin llegó el tiempo para la reunión, arreglada de antemano. No se nos dice el nombre del monte, pero la palabra había sido enviada a los fieles, y para esto se necesitaba tiempo. Más de quinientos se habían reunido, que eran probablemente los espíritus más valerosos entre los creyentes. Eran más numerosos en Galilea y por esto la reunión se verificó allí. En Jerusalem se habían reunido en la noche con las puertas cerradas; aquí se reunieron en el campo raso y muy probablemente de día. Pablo dice el número, y Mateo da a entender que hubo más de once, puesto que "algunos dudaban." Apenas pudieron creer la evidencia de sus sentidos y quizás se preguntaron si no eran víctimas de alguna alucinación. Es claro que el cristianismo tiene que abrirse camino por el poder del Espíritu Santo sobre la vida de los hombres, y no por manifestaciones objetivas y sobrenaturales, aunque éstas eran necesarias al principio. Es la experiencia de Cristo en el corazón de los hombres, el testimonio del Espíritu para con nuestros espíritus, lo que gana a los hombres y los guarda para Cristo. Jesús en este momento solemne en el monte hizo reclamos supremos de autoridad y dominio y encargó a estos quinientos discípulos (a todos ellos) la tarea de hacer discípulos de todas las naciones de la tierra, bautizándolos y enseñándoles. Nótese el triple deber de la evangelización o misiones, la organización de los conversos en iglesias (dado a entender en el bautismo), y educación en la doctrina de Dios (el ministerio de enseñar de parte de los ministros, del hogar, la escuela dominical, las uniones de jóvenes, las clases normales, periódicos, libros, colegios y seminarios, la distribución de Biblias y tratados y la obra de los colportores). Jesús aquí enseña también la doctrina de la Trinidad. Algunos han objetado que esta gran comisión es demasiado eclesiástica para que fuese usada en esta ocasión, puesto que el bautismo es ordenado por Jesús aquí por vez primera. Pero Jesús mismo se había sometido al bautismo y sus discípulos al principio bautizaron bajo su dirección y la comisión sencillamente hace un bosquejo general de actividad cristiana. La evangelización es la obra de conversión, no siendo otra cosa sino las misiones en todas sus fases. El bautismo presenta la cuestión de afiliación en iglesias locales y sigue la conversión. La enseñanza se aplica al curso entero de la vida cristiana y es del todo esencial para la utilidad y el servicio. Así es que la obra de la educación cristiana es absolutamente necesaria para llevar a cabo la voluntad de Cristo y para tener poder en la obra del reino de Dios. Jesús prometió guiar a las huestes por todos los siglos. Es el Capitán de la salvación.

17. Jacobo, el Hermano de Jesús (1 Cor. 15:7).

Sencillamente se nos dice por Pablo el hecho que Jesús apareció a su hermano Jacobo (o Santiago). Esto fué probablemente la causa de su conversión. No sabemos si Jesús le encontró en Galilea o Jerusalem, pero fué una ocasión sagrada cuando éstos dos se encontraron. Jacobo, como los otros hermanos no había tenido simpatía con Jesús en su obra. Fué sin duda una dura prueba para Jesús ser así mal entendido en su hogar. La adición de Jacobo al número de los discípulos fué de grande importancia en muchos sentidos. Pronto llegó a tener mucha influencia como veremos, a causa de sus grandes habilidades y devoción.

18. La Ultima Comisión (Luc. 24:44-49; Hechos 1:3-8).

Sólo Lucas narra esta aparición a los discípulos en Jerusalem un poco antes de la ascensión. Les abrió el sentido, y luego les explicó las Escrituras. En seguida les bosquejó las promesas del Padre, la venida del Espíritu Santo para poder y servicio no muchos días después. Volvió a comisionarlos a que evangelizasen el mundo desde Jerusalem hasta los fines de la tierra, una vez que hubiesen recibido poder desde lo alto para la tarea.

19. La Ultima Mirada (Mar. 16:19; Luc. 24:50-53; Hechos 1:9-12).

Ya habían visto a Jesús varias veces. Había oído su programa para la conquista del mundo. Tenían sus promesas de recibir poder desde lo alto cuando el Espíritu Santo inaugurara la nueva dispensación. Y Jesús realmente iba a estar con ellos por medio de su Espíritu. Así es que lo llevó al Olivete, donde a menudo habían estado antes; donde se había sentado mientras predijo su muerte y la destrucción de Jerusalem. Los bendijo, y una nube pasó y se había ido él. Los discípulos siguieron mirando al cielo hasta que dos ángeles les hablaron en tonos animadores recordándoles la promesa de Cristo de volver. ¡A vuestras tiendas, Israel, y a vuestras tareas! A Jerusalem volvieron. En el templo adoraban a Jesús con gozo, volviendo sus rostros hacia el futuro ya brillante con esperanza y promesa.

———————o———————

TOPICOS PARA LA REVISTA

1. Importancia del hecho de la resurrección de Jesús.
2. Teorías de la resurrección de Jesús.
3. Dudas de los discípulos.
4. La estancia de Cristo en la tumba.
5. Visitas de las mujeres.
6. Las diez apariciones de Jesús.
7. Las apariciones en Jerusalem.
8. Las apariciones en Galilea.
9. La convicción de Juan.
10. María y Jesús.
11. El informe de los guardas.
12. Cleofas y sus compañeros.
13. Pedro y Jesús.
14. Reunión sin Tomás.
15. Jesús y Tomás.
16. Junto al Mar de Galilea.
17. Sobre el monte en Galilea.
18. Jacobo y Jesús.
19. La última comisión.
20. La ascensión.

PARTE III.
LA HISTORIA APOSTOLICA

CAPITULO VIII.

PODER PARA PRINCIPIAR DE NUEVO

1. El Libro de los Hechos.

Este segundo volumen por Lucas lleva adelante la historia de Jesús y puede llamarse los Hechos de Jesús o los Hechos del Espíritu Santo. No es una plena historia de la obra de todos los apóstoles, ni de toda la obra de algunos de ellos. En verdad más de la mitad del libro se dedica a la obra de otros que no formaban parte de los doce, de Esteban y Felipe (6, 7, 8) y de Bernabé y luego de Pablo (11:10 hasta el fin del 28). El punto parece mostrar cómo el cristianismo se arraigó en Jerusalem a pesar de la oposición de los Saduceos, y cómo Esteban despertó a los Fariseos. Saulo esparció a los cristianos, y fué convertido él mismo y usado para llevar el evangelio por todas partes del imperio romano, aun a Roma, aunque como prisionero. El libro está lleno de interés humano y su valor es inapreciable en conexión con las Epístolas para el estudio del extendimiento del evangelio de Jesús hasta que el libro termina con Pablo en Roma (60-63 A. D.).

2. La Oración Unida (Hech. 1:1-14).

El fin no fué sino el principio. Esto los discípulos llegaron a verlo paulatinamente. La culminación de la obra terrenal de Jesús fué el principio de la tarea de los discípulos de Jesús, los cuales ya habían recobrado su fe, esperanza y gozo. Pero todavía les faltaba la comprensión de la significación de todo lo que habían visto y oído, y el poder para usar lo que sí entendieron. Tuvieron la promesa de que recibirían poder de lo alto cuando el Espíritu Santo viniera sobre ellos. Habían de esperar la promesa del Padre. Sintieron que Jesús, aunque ascendido al Padre, estaba aún con ellos. El tiempo no estaba lejos, y todos se reunían en oración con grande animación y unidad. Había ciento veinte de ellos (varones y mujeres), y la madre de Jesús estaba allí con los hermanos de él también.

3. Un Nuevo Apóstol (Hech. 1:15-26).

Durante estos días de oración y espera, los discípulos se dieron cuenta de su situación, ya que habían de emprender la tarea gigantesca de evangelizar al mundo. La gran comisión había sido dada a todos los creyentes, en primer lugar como a individuos cristianos, pero ciertamente se quería que obraran juntos al llevarla a cabo. No sabemos cuánto de organización eclesiástica existía antes del día de pentecostés cuando los ciento veinte todavía estaban reunidos. Pronto una gran iglesia local llegó a ser una realidad en Jerusalem, con diáconos y ancianos además de apóstoles. Ahora los únicos oficiales, según parece, eran los apóstoles, y no había sino once de ellos. Judas había fracasado. No hubo mandato de parte de Jesús a que llenasen el lugar de Judas, pero Pedro, reasumiendo su lugar de prominencia, ofreció una solución de la suerte de Judas y propuso que su lugar fuese llenado por alguno que hubiera sido testigo de la obra de Jesús desde el bautismo de Juan hasta entonces. La sugestión fué bien acogida, pero excluyó a Santiago, el hermano de Jesús, que no había sido amigo de la causa hasta muy recientemente. La elección por oración y suerte recayó en Matías. No se habla más de él, pero puede ser que tuviera éxito no obstante esto. Teniendo ya completa la lista de los doce, esperaron.

4. La Nueva Era (Hechos 2:1-40).

Los discípulos parecían tener conciencia de que se acercaban a una crisis y que esperaban la mano extendida, aunque no sabían cómo se manifestaría esa mano.

Pero la hora de Dios vino en la fiesta de Pentecostés (o primicias), precisamente cincuenta días después de la pascua, cuando Jesús, el verdadero cordero pascual, había sido ofrecido en la cruz por el pecado. Con la venida del Espíritu Santo principió la nueva dispensación que ha de durar hasta que Jesús vuelva para el fin. Las demostraciones sobrenaturales (el estruendo como de viento, lenguas de fuego, el hablar en varios idiomas) no eran sino prueba de la venida del Espíritu Santo. Estos milagros dejaron de entenderse por muchos. Las lenguas fueron entendidas por uno que otro judío presente que había venido de distintas partes del mundo. Pero fué Pedro quien entonces bajo la nueva manifestación de poder del Espíritu Santo, emprendió la tarea de interpretar, no solamente los milagros y el nuevo poder, sino también la significación de la vida, muerte y resurrección de Jesucristo. Este fué el primer esfuerzo formal de ese género, y queda ahora como una obra maestra. No sólo fué una exposición poderosa de lo que habían dicho Joel y David, sino una presentación mordaz y penetrante de lo que habían hecho los judíos a Jesús. El denuedo de Pedro es notable aquí mismo en Jerusalem, donde hace poco había mostrado tanta cobardía. Ahora de veras era una piedra, como Jesús había dicho. Osadamente proclamó la resurrección de Jesús como un hecho del cual hubo muchos testigos y afirmó la deidad de Jesús (Señor y Cristo) a quien ellos habían crucificado. Es probable que Lucas haya dado sólo un informe condensado de este gran discurso. Tuvo un efecto instantáneo y tremendo. La súplica de que les dijera lo que deberían hacer dió a Pedro su oportunidad, y la usó diciéndoles cómo los hombres podrían ser salvos por arrepentimiento hacia Dios. El bautismo, como el de Juan el Bautista, se basaba sobre el arrepentimiento y el perdón de los pecados. Prometió el Espíritu Santo a todos los que invocaran el nombre del Señor, aunque es probable que aun no pensara Pedro que los gentiles podrían ser convertidos y no obstante quedarse gentiles.

5. Una Escena en la Vida de la Iglesia (Hech. 2:41-47).

Estos versículos dan una descripción muy viva de los primeros días de actividad después de la investidura con el Espíritu Santo. Hubo como tres mil que gozosamente recibieron el mensaje de Pedro. Estos nuevos conversos fueron todos bautizados el mismo día. Los ciento veinte súbitamente habían llegado a ser tres mil. No se debía meramente a la excitación, porque manifestaron firmeza en doctrina y comunión. Esta digna costumbre no se sigue siempre hoy día. Con demasiada frecuencia los nuevos miembros son descuidados y por esto se enfrían. Es imposible tener el mejor género de vida de iglesia sin tener miembros inteligentes, educados en las doctrinas de la fe y en la obra de la iglesia de Cristo. Los rasgos de una iglesia feliz se hallan aquí (unidad, instrucción, compañerismo y comunión, liberalidad, alabanza, oración, gozo y sencillez de corazón). No es extraño que hubiera poder en aquella iglesia y el temor de Dios. Era un avivamiento perpetuo.

6. Persecución y los Saduceos (Hechos 3:1-4:31).

Parece que los discípulos no tuvieron idea al principio de romper con el judaísmo. Sintieron, como Jesús lo había mostrado en el Sermón del Monte y después, que el cristianismo era el verdadero judaísmo y que el judaísmo corriente se había separado de la fe desechando a Jesús como el Mesías. Por lo tanto, Pedro y Juan subieron como de costumbre para adorar en el templo a las horas de la oración. Fué así como sucedió que Pedro viera y sanara al limosnero cojo en la puerta que se llamaba la Hermosa. La muchedumbre excitada que presto se reunió dió a Pedro una oportunidad de predicar a Jesús, lo cual hizo en otro sermón de grande fuerza y penetración, instando al pueblo de Jerusalem a que se arrepintiese de sus pecados. Este sermón podría haber causado una repetición del resultado del gran día de Pentecostés a no haber sido por el repentino arresto de Pedro y Juan por los Saduceos, que se habían acercado a tiempo para oír el ataque de Pedro sobre el Sanedrín como los asesinos de Jesús y su predicación de la resurrección de los muertos en Jesús. No fué una doctrina meramente académica como los fariseos la sostuvieron, sino un ejemplo verdadero en el caso de Jesús y con la acusación adicional contra los jefes judíos de desafiar a Dios. En el ataque contra Jesús los fariseos fueron los primeros que se quejaron de sus críticas, de su ceremonialismo y externalismo, y los Saduceos fueron inducidos a tomar parte por motivos políticos. Pero ahora los Saduceos encabezan el ataque contra los apóstoles rehusando los fariseos tomar parte por algún tiempo. Los saduceos estaban evidentemente indignados por el crecimiento rápido de la nueva herejía. La iglesia ya tenía cinco mil hombres (además de las mujeres, Hech. 4:4). Pedro y Juan estaban delante del mismo cuerpo de hombres (el Sanedrín) que había juzgado y condenado a Jesús, mientras que Juan estuvo en el salón del juicio y Pedro se quedó tímidamente fuera con los siervos, por temor de ser arrestado él mismo. Ahora el Sanedrín se asombró por el valor de Pedro y Juan, a quienes reconocieron como personas que habían sido vistas con Jesús. Pedro desafió al Sanedrín y lo acusó de haber crucificado a Jesús; volvió a afirmar la resurrección de Jesús, y declaró que la vida eterna había de hallarse solamente en el nombre de Jesús. Fué todo muy increíble, y sin embargo el Sanedrín se halló incapaz de castigar su insolencia como merecía por el conocimiento popular de la curación del cojo. Pedro menospreció sus amenazas, y declaró su propósito de obedecer a Dios y no a los hombres. De modo que ahora se declaraba abiertamente en contra. Los discípulos oyeron su informe con asombro y suplicaron al Señor que les diera el denuedo para obrar valerosa y rectamente. El cristianismo estaba cara a cara con la santurronería eclesiástica.

7. Un Problema Social dentro de la Grey (Hech. 4: 32-5:11).

La presencia de la persecución hizo que los discípulos fuesen más consagrados y más efectivos. Trabajaron con gran poder y Dios añadió gran gracia. Los pobres fueron añadidos en grandes números, y les dieron la bienvenida. Muchos de los judíos helenistas convertidos en el Pentecostés se habían quedado. Los fondos del templo no eran para los discípulos de Jesús ya que los saduceos habían declarado la guerra contra ellos. Había probablemente una especie de boycot de los discípulos en los negocios y sólo un remedio había y ese era que los discípulos que tenían bienes ayudaran a los que no tenían dinero. Esto se hizo gozosamente. Algunos de ellos sí tenían bienes como José Bernabé de Cipro. Estos pusieron sus bienes a la disposición de los discípulos, quienes los usaron de tiempo en tiempo como exigía el caso. Así noblemente se solucionó el problema social. Pero Ananías y Safira deseaban tener crédito por esta liberalidad voluntaria sin hacer el sacrificio necesario. El castigo mandado sobre ambos fué pronto y severo. ¿Serían demasiado duro? Algunos lo han dicho. Pero habían mentido al Espíritu Santo, y Pedro obró por Dios en el asunto. De todos modos fué una buena lección y una que se necesitaba. Así fué que la primera molestia en la iglesia de Jerusalem fué por el dinero.

8. La Prosperidad (Hech. 5:12-16).

La repentina muerte de Ananías y Safira tuvo un efecto solemne en todo el pueblo. Era claro que el tipo de comunismo que practicaron fué voluntario y local. Parece que no existió fuera de Jerusalem y que aun allí fué temporal. La severa reprensión dada por la muerte de los dos hipócritas los hizo a todos vacilar en fingirse muy piadosos a menos que lo fueran en realidad. Pero el poder y prestigio de los apóstoles fueron muy respetados. Los insinceros fueron detenidos, pero el número de los verdaderos creyentes creció con rapidez. Parece que por algunos días los apóstoles estuvieron en el pórtico de Salomón en el templo sanando a todos los enfermos que vinieron. Las multitudes eran tan grandes que la gente hasta procuró meterse en la sombra de Pedro para ser curada. Parece que Dios honró su fe a pesar de su superstición. La obra de predicar y sanar prosiguió juntamente como en el caso de Jesús.

9. La Persecución Renovada (Hechos 5:17-42).

Parece que los Saduceos no se apresuraron a prender de nuevo a los apóstoles, pero al fin por el éxito de los discípulos en Jerusalem se llenaron de envidia hasta el grado de que ya no podían soportarlo. La decisión de obrar vino como una explosión. Los apóstoles habían resueltamente desafiado el mandato a que no enseñasen en el nombre de Jesús. El resultado es muy asombroso. Los apóstoles no estuvieron en la cárcel la mañana siguiente pues cuando mandaron traerlos al tribunal. El concilio se reunió, pero no pudieron hallar a los apóstoles. La perplejidad de los príncipes de los sacerdotes en cuanto a dónde vendría a parar aquello, fué muy natural, cuando alguien informó que en ese mismo momento los apóstoles estaban proclamando a Jesús en el templo. Parecía que hacían burla del Sanedrín, que no sabía nada de la visita del ángel la noche anterior. Lucas narra el temor de los alguaciles mientras traían a los apóstoles al juicio. El sumo sacerdote cumplimentó altamente la eficacia de la obra de los apóstoles: "Habéis llenado a Jerusalem de vuestra doctrina." La negación de la responsabilidad de la muerte de Jesús, comparada con la ansiosa aceptación de ella en ese tiempo muestra también que el Sanedrín reconoce que Jesús tiene todavía amigos entre el pueblo. Estuvieron entonces resueltos a conseguir de Pilato lo que deseaban, pero ahora quieren hallar de qué acusar a los apóstoles. Pero Pedro, que vuelve a tomar la palabra ante el Sanedrín, no vacila en decir: "Al cual vosotros matasteis colgándole en un madero." Osadamente afirmó de nuevo a los saduceos el hecho de la resurrección de Jesús, y anunció a Jesús como Príncipe de vida y Salvador del pecado. La defensa fué breve y severa, y penetró hasta los tuétanos. Los saduceos estuvieron tan airados que habrían querido matar a Pedro al momento. El resultado podría haber sido muy serio a no haber sido por la intervención de Gamaliel, el principal Fariseo del tiempo, el cual se alegró en oponerse con éxito contra los saduceos. Habiendo hecho salir a los apóstoles por un momento, Gamaliel procedió a relatar la historia de Teudas y Judas de Galilea que con el tiempo habían sido disipados, viniendo a parar en nada. Abogó por la política de **laissez-faire,** o no intervenir, alegando que moriría el movimiento si lo pasaban por alto a menos que Dios estuviera en él. La doctrina de Gamaliel no servirá siempre como un principio práctico, pero dividió al Sanedrín, y los saduceos fueron sobrepasados en astucia. Los apóstoles sacaron ventaja de esta actitud de Gamaliel, el cual no era de ningún modo cristiano. Fueron azotados y de nuevo se les mandó que no volviesen a predicar en nombre de Jesús. "No cesaban de enseñar y predicar a Jesucristo," "gozosos de que fuesen tenidos dignos de padecer afrenta por el Nombre." Los discípulos estuvieron seguros de no ser muertos porque el Sanedrín estaba dividido.

10. Celos entre los Discípulos (Hechos 6:1-6).

En la iglesia de Jerusalem hubo muchos judíos griegos (helenistas de la Dispersión), los cuales se figuraban que en la distribución del fondo común ya levantado, se hacía distinción entre las viudas helenistas y las arameas (de los judíos de Palestina). Podría haber sido todo imaginación, pero, una vez que empezó, era difícil poner fin a semejantes quejas que llegaron a ser murmuraciones y casi contiendas. Hubo material para una buena querella. Los apóstoles obraron con mucha sabiduría, expresando un deseo de deshacerse de esa parte del trabajo. Suplicaron a toda la multitud (la iglesia), que escogiesen a siete hombres para servir a las mesas en este negocio. Los hombres escogidos eran todos helenistas, siendo los apóstoles todos judíos palestinos. Así fueron cerradas las bocas de los judíos helenistas sobre este asunto, porque el negocio estaba ahora en sus propias manos. Uno de los siete (Nicolás) aun era prosélito. Vemos aquí probablemente el origen del oficio de diácono aunque el punto no es seguro.

11. La Conversión de los Saduceos (Hechos 6:7).

La declaración de que "una gran multitud de los sacerdotes obedeció a la fe" es significativa. Los sacerdotes eran por lo regular saduceos, los cuales habían sido muy activos para prender a los apóstoles. Es un hermoso resultado y sin duda irritó aun más a los saduceos.

12. Esteban y los Fariseos (Hech. 6:8-7:60).

Los discípulos podrían haber gozado de un período mucho más largo de seguridad comparativa a no haber sido por la actividad de Esteban, uno de los siete escogidos para servir a las mesas. Era un varón lleno de Espíritu Santo y se hizo muy activo en las sinagogas de Jerusalem donde adoraban los judíos helenistas. Estos judíos disputaban con Esteban, pero no podían vencerle. Es probable que en la sinagoga ciliciana le haya hecho frente a Esteban el joven Saulo de Tarso, la brillante estrella del judaísmo, nuevamente salido del seminario de Gamaliel. Pero él también fué vencido por Esteban. La enseñanza de Esteban tomó un giro semejante a la de la de Jesús. Naturalmente los apóstoles habían puesto el énfasis principal en el hecho de la resurrección de Jesús, como prueba de su mesianía cuando se tomaba en conexión con sus pretensiones y su carácter y obra. Esto había despertado la hostilidad de los saduceos. Pero Esteban proclamó en particular la naturaleza espiritual del culto de Dios como independiente de un lugar como el templo. Enseñó que el corazón era el lugar donde moraba Dios con los hombres. Los fariseos reconocieron que ésta era la misma nota tocada por Jesús a quien habían perseguido hasta la muerte. Por esto ahora los fariseos sienten un nuevo interés en el ataque sobre los cristianos, y Gamaliel no se opone a los fariseos para defender a Esteban. Hay un paralelo curioso entre la acusación contra Esteban y la que se hizo contra Jesús. Hasta sobornaron testigos falsos contra él, y se resolvieron a darle muerte desde un principio. El discurso de Esteban es un hábil reconocimiento de la historia judaica en justificación de su punto principal, el cual repite, dando a entender que Dios no depende del templo para que le adoren. Esteban volvió la historia de los judíos en su contra. Replicaron con rabia y el Sanedrín se resolvió en un motín y le apedreó. Fué ilegal, pero era probablemente un tiempo de transición en cuanto a procuradores, y, de todos modos, existió confusión. El espíritu calmado de Esteban mientras miraba el rostro de Jesús impresionó al joven Saulo, que al menos ahora se había vengado.

12. La Venganza de Saulo (Hechos 8:1-4).

El gusto de la sangre aviva el apetito para que desee más. Fariseos y saduceos estaban ya unidos de nuevo, y Saulo se puso al frente como caudillo de la primera persecución genuina de los cristianos como cristianos. Solamente los apóstoles habían estado arrestados hasta ahora, pero ya ninguno era libre de persecución. Aun las mujeres fueron encarceladas y sentenciadas a muerte por el Sanedrín que ya de nuevo ejercía el poder de vida y muerte. Saulo no vaciló en entrar en casas particulares para hacer arrestos. Cazó a la iglesia como una bandada de codornices que se agigantaban volando. Los que no fueron cogidos volaron por todas partes diciendo la historia de Jesús por donde iban. Así fueron forzados los predicadores laicos a salir de Jerusalem para que llevasen la buena nueva a Judea, Samaria y los fines de la tierra. Demasiado tiempo se habían quedado en Jerusalem.

14. La Obra de Felipe (Hech. 8:5-40).

Otro de los siete sale al frente, mientras parece que los apóstoles estaban comparativamente inactivos, aunque al menos resistieron los ataques de Saulo en Jerusalem. El gran éxito de Felipe en Samaria fué entre un pueblo sólo medio judío y perfectamente odiado, y sin embargo Pedro y Juan, habiendo llegado, no pusieron objeción al bautismo de estos samaritanos por Felipe que ya había tenido lugar. Los samaritanos habían sido circuncidados y eran técnicamente judíos. Pero de todos modos el evangelio se extendía más allá de Jerusalem. El caso de Simón el Mago es típico de impostores en todos los siglos que conocen su propia insinceridad, y tasan a otros según se estiman a sí mismos. Su proposición de comprar el don del Espíritu Santo prueba que, aunque bautizado, era hipócrita y no salvo. El comprar promoción eclesiástica es un pecado que hasta el día de hoy lleva su nombre, pues se llama simonía. El caso del eunuco de Etiopía revela el lado más agradable de la obra de Felipe. Podría haber sido prosélito, pero aun así apenas era judío por nacimiento, aunque evidentemente tenía interés y leía la Septuaginta. Felipe trabajó también en Filistia: Evidentemente el cristianismo no está muerto.

15. Pedro y Cornelio (Hechos 9:32-10:48).

Este importante episodio se narra después de la conversión de Saulo y después de venida la paz a la iglesia (Hechos 9:31). Dejaremos este gran evento para el capítulo siguiente. A Pedro ahora le parecía que sería justificable que se ausentase de Jerusalem por algún tiempo. Lo vemos en Lidda y en Joppe. La visión que vino a Pedro sobre la azotea de la casa de Simón el curtidor fué una preparación necesaria para la obra que le esperaba en la casa de Cornelio, el centurión romano en Cesarea. La protesta de Pedro revela la fuerza de sus preocupaciones y las dificultades para dar el evangelio a los paganos. Evidentemente Pedro había supuesto que los paganos se harían judíos así como cristianos. Los dos hombres tenían que ser preparados el uno para el otro (Pedro y Cornelio). Aun así Pedro mostró embarazo cuando violó sus costumbres judaicas entrando a la casa de Cornelio. Sin embargo, predicó el evangelio de gracia a Cornelio y su familia, el cual Dios honró en gran manera, y Pedro mandó bautizar a los conversos. Aquí se tiene de hecho una iglesia romana. Pedro había cruzado el Rubicón. El Espíritu de Dios vino con tanto poder sobre estos gentiles que fué como un Pentecostés gentil.

16. La Protesta de los Cristianos Farisaicos en Jerusalem (Hech. 11:1-18).

Fué inevitable. Los fariseos habían perseguido a Jesús y Esteban. Los que eran ahora cristianos eran aún fariseos y no tenían idea de ser otra cosa. Por lo tanto, este partido, porque ahora vemos partidos en la iglesia en Jerusalem, protestó públicamente a Pedro contra su conducta en Cesarea. El primer caso de disciplina eclesiástica (porque Ananías y Safira fueron sencillamente muertos) fué el de Pedro a manos del elemento reaccionario antimisionero en la iglesia en Jerusalem por predicar el evangelio a los paganos y comer en casa de Cornelio. Pedro admitió la acusación y volvió a narrar los procedimientos de Dios para mostrar que era la voluntad y obra de Dios. Apeló a los seis hermanos como testigos de sus palabras. El partido farisaico se sometió por el momento, pero más tarde harían sentir su resentimiento.

17. La Mano del Estado (Hechos 12:1-24).

Herodes Agripa I era rey de toda la Palestina 42-44 A. D., y estando en Jerusalem mató a cuchillo a Jacobo, hermano de Juan. Y deseando agradar a los judíos, prendió a Pedro y le puso en la cárcel. Se usa ahora por primera vez el poder civil contra los apóstoles. Los fariseos y saduceos al fin consiguieron que Pilato hiciera lo que ellos querían contra Jesús. Así ahora sucede con Herodes Agripa I. Fué un momento importantísimo para los discípulos, y se reunieron en casa de María, madre de Juan Marcos, para hacer oración. Dios los oyó y puso en libertad a Pedro por medio de una visita de un ángel, y según parece Pedro se fué de Jerusalem a un lugar más seguro. Jacobo, el hermano de Jesús, es ahora el caudillo en Jerusalem. La muerte de Herodes vino como un castigo de parte de Dios y una bendición para los cristianos (Véase Hech. 12:23).

18. La Epístola de Santiago.

Hay muchísima disputa acerca de la fecha de esta Epístola, escrita por el hermano de Jesús, que había llegado a ser el caudillo en Jerusalem. Se arguyó que Santiago contestó la doctrina de Pablo de la salvación por gracia enseñando la salvación por obras. Pero Santiago enseñó la salvación por la verdadera fe que es probada por obras (San. 2:18). Esta es la enseñanza de Juan el Bautista, de Jesús, de Pedro, de Juan y de Pablo mismo. Puede ser que Pablo pensara en una perversión de la insistencia de Santiago en obras como prueba de fe. No parece probable que Santiago supiera de las enseñanzas de Pablo cuando escribió. Es probable que se escribiese antes de la conferencia en Jerusalem sin ninguna referencia a la controversia judaizante. La Epístola es una discusión maravillosamente clara y hábil de la verdadera religión. Santiago fué un judío cabal, y el libro es muy semejante a una de las profecías del Antiguo Testamento glorificada con el cristianismo. Santiago muestra familiaridad con las enseñanzas de Jesús, a quien adora como su Señor. Santiago escribió a los judíos cristianos de la Dispersión Oriental. Su posición en Jerusalem le aseguró la atención de estos creyentes. Probablemente escribiría como el año 48 A. D.

TOPICOS PARA LA REVISTA

1. Oración.
2. Matías.
3. El bautismo del Espíritu Santo.
4. La persecución de parte de los Saduceos.
5. El socialismo cristiano.
6. Celos de clase en la iglesia.
7. Esteban.
8. Persecución Farisaica.
9. Saulo como perseguidor.
10. Felipe.
11. Simón el Mago.
12. El Eunuco de Etiopía.
13. Cornelio.
14. La obra de Pedro entre los paganos.
15. El Pentecostés gentil.
16. El elemento farisaico en el cristianismo.
17. El poder civil y el cristianismo.
18. La Epístola de Santiago.

CAPITULO IX.

EL NUEVO TESTIGO POR CRISTO.

No podemos hacer más aquí que bosquejar la carrera de Saulo hasta Hech. 12:25—justamente antes de que entrara en su primera campaña misionera. La obra de este gran apóstol a los gentiles ocupa una gran parte del período apostólico, y tiene que discutirse en capítulos y desde varios puntos de vista. Ningún esfuerzo se hace aquí para reunir los distintos hechos sabidos acerca de la juventud y educación de Saulo, para los cuales se deben consultar las distintas obras sobre Pablo.

1. Respirando Muerte (Hech. 9:1; 22:3-5; 26:4-11; Gál. 1:13).

Pablo nos dice lo suficiente de sí mismo en sus discursos y cartas para que sepamos los grandes rasgos del joven que nos encuentra en el apedreamiento de Esteban (Hech. 7:58), que hizo una persecución sistemática y extremadamente próspera de los cristianos en Jerusalem (Hech. 8:1-4), el cual ahora se pone en camino a Damasco para terminar su tarea (Hechos 9: 1). Sabemos que nació en Tarso y que era fariseo e hijo de un fariseo. Aunque era judío helenista, no fué helenizado, sino que fué de alcurnia aramaica. Pertenecía a la tribu de Benjamín y estaba orgulloso de su linaje siendo leal a las tradiciones de su casa. Nació ciudadano romano y estudió bajo la dirección de Gamaliel en Jerusalem. La vida de Tarso y de Jerusalem se mostraban hasta cierto punto en él. Aunque era un judío cabal, sin embargo, tenía miras cosmopolitas y tuvo algo de contacto con la cultura del mundo. Pero en espíritu era fariseo de la secta más estricta. Se sintió muy irritado contra el movimiento cristiano por poner éste en peligro el futuro del farisaísmo. No sabemos si alguna vez vió y oyó a Jesús antes de su conversión o no. Parece más probable que no. Pero, de todos modos, se interesó mucho en las cuestiones presentadas por la predicación de Esteban. De una vez se hizo el caudillo en el gran movimiento para acabar con el cristianismo. La muerte de Jesús había obrado para que la situación fuese peor que antes desde el punto de vista judaico, porque la pestífera herejía se había arraigado en Jerusalem en lugar de en Galilea. Los saduceos habían fracasado miserablemente en su esfuerzo para acabar con la secta de los nazarenos. Ahora les tocaba en turno a los fariseos con Saulo por caudillo. Había desarrollado una notable capacidad para ser caudillo eficiente. Los antiguos caudillos en el judaísmo inmediatamente cedieron su lugar a este brillante joven. Es probable que fuese ya miembro del Sanedrín, puesto que habla de su voto en el cuerpo (Hech. 26:10). Ciertamente había esparcido a todas partes a los cristianos de Jerusalem. Algunos habían sido muertos, pero Pablo no estaba aun satisfecho. "Y Saulo, respirando aun amenazas y muerte contra los discípulos del Señor, vino al príncipe de los sacerdotes, y demandó de él letras para Damasco." La misma respiración de Saulo había venido a ser la muerte de los discípulos. Esto inhalaba y exhalaba él. No estaba seguro de que había discípulos en Damasco, pero deseaba ir a ver. Esta autoridad del Sanedrín sobre los judíos fuera de Palestina es algo semejante al poder del papa sobre los católicos romanos en todas partes. El cristianismo es llamado "el Camino" (Ver. Mod.), y Saulo quería prender a mujeres así como a hombres. Ha hecho desaparecer sus escrúpulos en el deseo de sangre para la gloria del farisaísmo.

2. **Detenido por Jesús** (Hechos 9:4-9; 22:6-11; 26:12-19; 1 Cor. 15:8-10; Gál. 1:15, 16).

No había idea de esto en el pensamiento de Saulo,

porque emprendió el viaje a Damasco como conquistador y el héroe de un farisaísmo triufante. Es verdad que había habido momentos cuando las dudas habían cruzado por su mente. La muerte de Esteban le había impresionado. Algunas de las mujeres, también al morir parecían estar mirando el rostro de Cristo. Pero Saulo había al ogado estas reflexiones en más sangre. Toda frase en la narración de Lucas y en las Epístolas de Pablo ha sido escudriñada con el mayor cuidado, porque la conversión de este hombre señala uno de los puntos de partida de la historia, y forma uno de los principales baluartes de la fundación histórica del cristianismo. Las Epístolas de Pablo dan testimonio directo y explícito al hecho de que Jesús le apareció en el camino para Damasco del mismo modo en que apareció a Pedro y los demás. Los detalles los da Lucas en tres partes con variaciones menores que no afectan al punto principal, que está de acuerdo con las declaraciones de Pablo mismo. El hecho de que Lucas da los dos discursos de Pablo en los capítulos 22 y 26, en adición a su propia narración en el capítulo 9, muestra su idea de la importancia del acontecimiento. Lucas probablemente oyó estos dos discursos de Pablo, y podría haber tomado notas de ellos. Muchas teorías han sido propuestas para deshacerse de la significación inevitable de toda la historia de que Pablo vió a Jesús resucitado y oyó su voz. Ningún ataque epiléptico, ninguna insolación, ningún desmayo, ningún relámpago puede explicar lo que ocurrió. La carrera de Saulo como perseguidor es acabada, y de una vez. No es posible imaginar un motivo para un cambio voluntario de parte de Saulo. Fué llamado por Jesús a quien al momento, y toda su vida se cambió por completo de curso. Marca una época en la historia del cristianismo.

3. Bautizado por Ananías (Hech. 9:10-19; 22:12-16).

En la visión Jesús había dicho a Saulo que fuese a Damasco donde se le diría lo que le convenía hacer. Ciego, fué conducido por la mano de uno de sus compañeros. No pudo ver por causa de la gloria de aquella luz que había visto. En casa de Judas oró y esperó. Dios tuvo que preparar a un hombre que ministrara a Saulo porque todos los cristianos en Damasco le temían. Ananías hizo su protesta a Jesús, que le apareció en una visión, antes de que tuviese voluntad en ir (comp. Pedro y Cornelio). A manos de Ananías le fueron abiertos los ojos de Saulo, recibiendo el don del Espíritu Santo. Ananías le dijo de la misión que le había sido asignada, y le bautizó. "Porque has de ser testigo suyo a todos los hombres de lo que has visto y oído" (Hech. 22:15). Fué señalado por Jesús como ministro y testigo, tanto de lo que había visto y de lo que vería cuando Jesús le apareciera en el futuro (Hech. 26:16), un apóstol igual a los doce escogidos directamente por Jesús mismo mientras estuvo en la tierra (Gál. 1:12). Así fué Saulo preparado para su gran misión y se quedó en Damasco algunos días con los discípulos quienes tenían que acostumbrarse a verle en su nueva manera de vivir. El lobo de repente se había vuelto cordero.

4. Predicando a Jesús en Damasco (Hechos 9:20-22; 26:20).

Pronto comenzó a predicar en Damasco. "Predicaba a Jesús, diciendo que éste era el Hijo de Dios" (Hechos 9:20). Esto lo sabía por experiencia como la base de su nueva teología y esto hasta el fin fué el dogma cardinal de Pablo. Jesús era el Mesías, el Hijo de Dios. Todo lo demás en su teología y filosofía tuvo que ajustarse conforme a esta proposición. El pueblo que oyó a Saulo se asombró por su repentino cambio de base, pero creció en poder y confundió a los judíos. El cristianismo tuvo ahora un testigo superior en dotes intelectuales y educación escolástica a cualquiera de los doce; en verdad había conquistado al principal expositor del farisaísmo, el cual ya se había hecho campeón de Cristo.

5. Va a Arabia (Gál. 1:17).

Pablo había llegado a una crisis. O tendría que volver a Jerusalem donde ya no tenía absolutamente ningunos amigos, seguir aquí en Damasco donde era objeto de sospechas, o buscar otro lugar. Se decidió por el último plan y retiróse a Arabia. Puede ser que fuese aun hasta el Monte Sinaí, y allá en la sombra de las rocas donde Moisés recibió el mensaje de Dios reflexionó sobre el nuevo giro que se había dado a sus negocios. Tenía bastante en qué pensar. Mucho de su farisaísmo era verdadero, pero tuvo que cambiar completamente su antigua teoría de un Mesías político y un reino político, porque Jesús había muerto y resucitado de modo que semejante reino ya no era posible. Además de esto Jesús había nombrado a Saulo apóstol a los gentiles. ¿Qué lugar en este nuevo reino había para gentiles? Pedro le hizo frente a ese problema en Cesarea así como Pablo lo hizo en Arabia. Saulo no confirió con carne y sangre. Conocía el farisaísmo, la enseñanza apocalíptica judaica, y los hechos principales del cristianismo. Justamente ahora deseaba tener comunión con Jesús y tiempo para sus reflexiones más que otra cosa. Necesitaba tiempo para arreglar su casa teológica antes de emprender la tarea de desbaratar lo que hacía tan corto tiempo había procurado edificar. Saulo no estuvo ocioso en Arabia, podemos estar seguros de ello, sino que predicaba a Cristo siempre que tenía oportunidad.

6. De Nuevo en Damasco (Hechos 9:23-25; Gál. 1:17; 2 Cor. 11:32).

Saulo deseaba volver a Damasco para mostrar a los hermanos donde había sido reconocido como discípulo de Jesús y donde había predicado primero que era fiel a su nueva profesión. Volvió después de un año más o menos en Arabia creyendo más firmemente que nunca su contención fundamental de que Jesús era el Mesías, el Hijo de Dios (tanto Dios como hombre). Esto lo manifestó con tanta energía que los judíos hicieron planes para matarle. Tan pronto así tuvo Pablo que probar la misma medicina que con tanta frecuencia había dado a los discípulos de Jerusalem. Los judíos vigilaron las puertas de día y de noche y aun pidieron la ayuda de Aretas el rey (2 Cor. 11:32), que en este tiempo gobernaba en Damasco. El complot llegó a conocerse y los discípulos de Saulo (lo cual demuestra que Saulo había ganado a algunos para Jesús en Damasco) efectuaron su huída. Fué una salida algo humillante por tener que ser bajado por un agujero en el muro en la noche, pero de todos modos fué feliz. Esta fué la primera de muchas veces que Saulo apenas pudo escapar.

7. En Jerusalem con los Discípulos (Hechos 9:26-29; 22:17-21; 26:20; Gál. 1:18).

¿A dónde podría ir Saulo? Tarde o temprano tendría que ir a Jerusalem, no porque sentía la necesidad de autoridad o aprobación eclesiástica de los doce, sino por un acto de cortesía para Pedro y los demás para ver qué les parecía su ministerio. Parece que la conversión de Pablo no se sabía en los círculos cristianos de Jerusalem, o al menos que no se creía, aunque había estado ausente como tres años (en números redondos). De todos modos, cuando apareció en Jerusalem los discípulos le dieron una recepción muy fría, pues todavía le miraban como un perseguidor, mientras el Sanedrín lo consideró como un apóstata renegado. Fué sólo después de que Bernabé tuvo el valor de declararse por Saulo cuando los discípulos abrieron sus corazones a éste. Entonces Saulo y Cephas pasaron el tiempo muy contentos juntos. Vió también a Santiago, hermano del Señor, y predicó en las sinagogas helenistas con tanto poder que los judíos trataban de matarle. Saulo ya tenía voluntad en sufrir como mártir en Jerusalem, como lo había sufrido Esteban, cuya sangre había ayudado a verter. Es interesante notar cómo Saulo ha llegado a tomar la misma posición teológica que Esteban, y a ser un **verdadero** sucesor. Jesús tenía que aparecer a Saulo en un trance y mandarle que se fuese antes de que quisiese alejarse. Había de ir lejos a los gentiles. Los hermanos bajaron con Saulo hasta Cesarea y se **fué**. Ya no era héroe de los fariseos. Tampoco le reciben aún los discípulos como apóstol. Pero Jesús le amaba. Sabía esto.

8. De Nuevo en Tarso y Cilicia (Hechos 9:30; Gál. 1:21-23).

Puede uno muy bien imaginar los sentimientos de Saulo al volver a Tarso. Si vivían aún sus padres ¿qué pensarían ellos de su brillante hijo, ya que era discípulo de Jesús, el detestado Nazareno? Había sido educado para rabbí, y ahora no es sino un predicador cristiano. Y ¿qué pensarían los antiguos compañeros de Saulo de su nueva experiencia? No sabemos específicamente que Saulo predicó en Tarso, pero sí sabemos que lo hizo diligentemente en Siria y Cilicia. Aparentemente estuvo del todo solo en esta gran región, pero predicó a Jesús, y con tanto éxito que la nueva de ello se extendió a las iglesias de Judea, las cuales glorificaron a Dios en Pablo. Estos años en las provincias romanas de Siria y Cilicia no fueron de ninguna manera años ociosos. Ya estaban lejos entre los gentiles desde el punto de vista de Jerusalem y el cristianismo judaico, aunque cuando visitó a Tarso estaba en su ciudad natal. Pero Saulo no esperó un movimiento formal de parte de los cristianos judaicos para enviarle a los gentiles. Se dedicó desde luego a trabajar entre los gentiles, se mantuvo a sí mismo y puso los cimientos para una grande obra. Porque más tarde hubo iglesias allí las cuales él confirmó (Hechos 15:41). Tarso **fué** su base de operaciones, pero trabajó por toda la región en su derredor.

9. Bernabé en Antioquía (Hechos 11:19-29; 12:25).

En un sentido Saulo **fué** responsable de la predicación del evangelio a los griegos en Antioquía, porque había esparcido a los hombres de Chipre y Cirene, que vinieran hasta Antioquía y que se aventuraran a predicar la Buena Nueva a los griegos como la había predicado Pedro al romano Cornelio y su casa en Cesarea. La nueva de esto llegó a Jerusalem y Bernabé fué enviado a indagar. Vino, y siendo varón bueno y lleno de Espíritu Santo y de fe, se quedó sin volver para dar su informe. Probablemente sabía de la experiencia de Pedro. La obra creció y Bernabé necesitaba ayuda. Sabía del hombre idóneo, y éste estaba cerca. Tarso no estaba lejos de Antioquía. Bernabé tenía confianza en Saulo y se había fijado en su trabajo en Tarso. Por esto le trajo a Antioquía. Los dos hombres oportunos unieron sus esfuerzos. Siguió un glorioso año de cosecha y de crecimiento. Hubo ya una grande iglesia griega en Antioquía rodeada de iglesias más pequeñas establecidas ya por Saulo. Antioquía era el centro de la vida griega cristiana. El nombre cristiano, dado aquí por primera vez, fué de la naturaleza de un apodo. Los discípulos en Antioquía no eran judíos, y por esto tuvieron que tener un nombre propio. Eran los discípulos de Cristo. La sabiduría de Bernabé y Saulo se ve en la visita a Jerusalem con una buena contribución para los santos pobres en Jerusalem. Bernabé mismo había sido un contribuyente para el fondo allí y sabía la necesidad de ayuda. Además de esto, era ahora un tiempo de hambre. Este don de los cristianos griegos mostraría su sinceridad y sería mucho más eficaz que argumentar acerca de la conversión de los gentiles. El partido farisaico en Jerusalem había dado su aprobación a lo que tuvo lugar en Cesarea. No podrían consecuentemente poner objeciones a una obra similar en Antioquía. La visita fué bien recibida por los ancianos de Jerusalem, los cuales son mencionados ahora por primera vez. Corresponden a pastores u obispos de un período posterior. Volviendo Bernabé y Saulo a Antioquía llevaron consigo a Juan Marcos. Parece que Bernabé y Saulo no encontraron a los apóstoles. Quizás subieron justamente después de la muerte de Jacobo y el arresto y libramiento de Pedro.

TOPICOS PARA LA REVISTA.

1. Los antepasados de Saulo.
2. Tarso.
3. Educación de Saulo.
4. Saulo y Esteban.
5. Damasco.
6. Saulo y el Sanedrín.
7. Conversión de Saulo.
8. Ananías.
9. Saulo en Arabia.
10. El nuevo punto de vista de Saulo.
11. Saulo en Damasco.
12. Saulo en Jerusalem con Bernabé y Pedro.
13. El llamamiento de Saulo para ser apóstol.
14. Saulo en Tarso.
15. Saulo en Antioquía.
16. La obra de Pedro.
17. La obra de Bernabé.

CAPITULO X.

LA CAMPAÑA POR LOS GENTILES Y LA PROTESTA DE LOS JUDAIZANTES.

El material es tan abundante para este período que se tiene que seleccionar y condensar mucho. En los viajes misioneros primero y segundo, Pablo trabajó en terreno nuevo, mientras que en el tercero, por lo regular, no hizo más que volver a visitar y trabajar en los campos anteriores. Este capítulo, pues, abarcará las dos primeras campañas, dejando la tercera para el capítulo siguiente.

1. **Primer Gran Viaje** (Hechos 13, 14).

(a) **Los Pasos Lentos Hacia Adelante** (Hechos 1-12).

La Gran Comisión incluía a todas las naciones. En el gran Pentecostés fueron convertidos judíos de todas las naciones. La persecución de Saulo esparció a los discípulos a todas partes. Llegaron a Samaria y Filistia. Por último algunos romanos en Cesarea y griegos en Antioquía habían sido convertidos y no circuncidados, a pesar de las objeciones del elemento farisaico en Jerusalem. Saulo se había ocupado en predicar en Cilicia antes que en Antioquía. ¿Qué acontecería en seguida? Probablemente era el año 47 A. D.

(b) **El Impulso de parte del Espíritu Santo** (Hechos 13:1, 2).

Había profetas y maestros en la iglesia en Antioquía, y en Jerusalem estaban los doce apóstoles. Pero el mensaje específico a entrar en una campaña general entre los gentiles vino a los profetas en Antioquía. La Gran

Comisión de Jesús fué dada a los quinientos en Galilea, incluyendo a los once apóstoles, pero no habían cumplido con aquella comisión. Por esto el Espíritu Santo habló a hombres en Antioquía, en circunstancias nuevas, libres del exclusivismo judaico. El mensaje se oyó y se obedeció. No parece que la iglesia en Antioquía tomara alguna acción formal en el negocio. Sin embargo, aprobó la campaña bajo la dirección del Espíritu Santo y oraron por los nuevos misioneros y les desearon éxito. Semejante aprobación cordial no fué posible en Jerusalem, a causa del elemento farisaico que había allí (Hech. 11:1). La iglesia en Antioquía no proveyó el dinero para los gastos de la empresa.

(c) **La Compañía Misionera** (Hech. 13:2-5).

El Espíritu Santo nombró a Bernabé y Saulo en este orden. Bernabé tenía más edad y experiencia y había convidado a Saulo a venir a Antioquía. Saulo había sido llamado por Jesús como el instrumento escogido para esta misma tarea, pero no obstante, esto debía esperar el desarrollo de los acontecimientos, y Saulo sabía ayudar así como guiar. La selección de Juan Marcos, primo de Bernabé, se debía probablemente a éste. No era sino "ayudante" y no fué nombrado por el Espíritu Santo en el llamamiento. Pero es una noble compañía, estos tres, que emprenden la primera campaña evangelística formal en un amplio radio entre los gentiles. Bernabé es de Chipre, Saulo de Tarso, y Juan Marcos de Jerusalem. Ni uno solo de los doce se incluye en el número.

(d) **La Conducta que Siguieron** (Hech. 13:4-14:25).

La elección de Chipre era obvia. Estaba cerca; allí estaba la casa de Bernabé, y allí vivían también algunos judíos y cristianos que servirían como punto de partida. Los detalles de la obra se dan por Lucas con amplitud variable. En Chipre la oposición de Elimas, Bar-Jesús, el mago judío, a la conversión de Sergio Paulo, el procónsul en Papho, hizo conspicuo a Pablo en la terrible denunciación del engañoso y astuto adivino. Desde aquí Lucas usa Pablo en vez de Saulo, como Pablo lo hace siempre en sus Epístolas. Es probable que los dos nombres se le dieran al nacimiento, Saulus, Paulus, el uno judío y el otro romano. Desde este punto en adelante se dice, "Pablo y sus compañeros," "Pablo y Bernabé," pero no hubo nada de celos de parte de Bernabé al ver a su colega hecho jefe. La deserción de Juan Marcos en Perga de Pamfilia dió tristes pruebas de inconstancia. Se fué a su casa en Jerusalem porque no quería arrostrar los peligros de ríos y de ladrones sobre la alta llanura de Pisidia y Licaonia en donde Pablo y Bernabé estuvieron resueltos a ir. En Antioquía de Pisidia Pablo predicó un sermón de mucho poder en la sinagoga judaica, el bosquejo del cual Lucas nos da. Este es el primer bosquejo completo de un sermón por Pablo que nos es conservado, y es muy interesante porque muestra cómo plantea los artículos principales de su teología como se ve en sus Epístolas, tales como el de que Jesús es el Mesías, su muerte propiciatoria, su resurrección de los muertos, la remisión de pecados por Jesús, justificación por fe y no por la ley de Moisés. Este mensaje fué acogido cordialmente de muchos de los judíos y prosélitos piadosos que estaban presentes. En verdad, Pablo había tenido demasiado éxito, y el sábado siguiente los principales judíos interrumpieron a Pablo, el cual volvió a los gentiles. Pero los judíos lograron despertar a los hombres principales de la ciudad y las mujeres piadosas contra Pablo y Bernabé. Se fueron a Iconio y Listra donde se repitió la historia. Los judíos vinieron de Antioquía de Pisidia y despertaron la multitud contra los misioneros. Misioneros modernos han tenido experiencias semejantes. En Listra faltó poco para que Pablo sufriera la muerte a manos del inconstante populacho que al principio le tomó por un dios. En Pisidia y Licaonia Pablo y Bernabé estaban en la parte meridional de la provincia de Galacia. El límite del viaje fué Derbe, desde donde Pablo y Bernabé volvieron sobre sus pasos a fin de establecer las iglesias y ordenarles oficiales.

(e) **La Recepción en Antioquía de Siria** (Hech. 14: 26-28).

Volviendo los misioneros a la iglesia que les había enviado recibieron una gozosa bienvenida. La cosa más notable fué que la puerta de la fe para los gentiles estaba abierta de par en par. ¿Deberían guardarla así abierta?

2. La Demanda de los Judaizantes (Hech. 15:1).

La nueva se extendió hasta Jerusalem, y el elemento farisaico que había hecho a Pedro comparecer ante la iglesia se resolvió a ir a Antioquía para dar a conocer la ley a Pablo y Bernabé. Dijeron sin rodeos a los cristianos griegos: "Que si no os circuncidáis conforme al rito de Moisés, no podéis ser salvos." Desconcertó mucho a los convertidos gentiles que con confianza sencilla habían seguido a Pablo y Bernabé que vinieran estos hermanos de Jerusalem, la iglesia madre, y dijeran dogmáticamente en efecto, que la obra de Bernabé y Pablo era toda mal hecha. Fué una crisis sumamente seria. Someterse a esta demanda haría que el cristianismo fuese nada más que una rama del farisaísmo y que se impusiese la ley de Moisés en el mundo gentil. Hacía mucho que Pablo y Bernabé habían resuelto todo este negocio en su propia mente y estaban prontos para defender su posición. Lo hicieron pronta y efectivamente. Los judaizantes dejaron de hacer vacilar a Pablo y Bernabé, y la iglesia en Antioquía fué leal a la libertad de los gentiles.

3. La Decisión en Jerusalem (Hech. 15:2-35; Gál. 2: 1-10).

No se puede decir que Pablo convino en ir a Jerusalen para indagar lo que debería creer sobre este asunto. En su propia mente había resuelto la cuestión de la libertad gentil del ceremonialismo judaico. Pero mostró gran sabiduría al ir. Importaba que Jerusalem y Antioquía estuviesen de acuerdo sobre esta cuestión. No había motivo para creer que los apóstoles pensaran de una manera tan mezquina como los judaizantes. Pedro mismo ya había sido víctima de su ataque sobre este mismo punto, pero fué eminentemente sabio ver a éstos cara a cara antes de que procediera la cosa más adelante. Algunos eruditos no refieren la conferencia pública en Hechos 15 y la entrevista privada en Gál. 2:1-10 a la misma visita, pero, considerándolo todo, es probable que tengamos sencillamente distintos aspectos de la misma visita, 49 o 50 A. D. Se interesa Pablo en Gálatas en mostrar su independencia de los apóstoles en Jerusalem y hace mención de la conferencia para mostrar cómo estuvieron de acuerdo con él, a pesar del espíritu transigente de algunos de los hermanos tímidos que querían que Tito fuese circuncidado para satisfacer a los judaizantes, a quienes Pablo llamó "falsos hermanos." Hubo evidentemente algo de calor, y Pablo sentía en lo más íntimo que la cuestión era importantísima, pero él y los jefes (Jacobo, Pedro y Juan) estaban de acuerdo y convinieron en una división del trabajo en general. Es probable que se verificaran dos reuniones públicas, intermediando entre Hech. 15:5 y 6 la conferencia privada. En la segunda reunión pública el asunto entero fué discutido abierta y detalladamente por todos los partidos. Pedro se declaró con decisión a favor de Pablo, como lo hizo también Jacobo quien presidía. Pedro mostró cómo los judíos mismos tenían que creer a fin de ser salvos, y Jacobo mostró cómo Amós había profetizado la salvación de los gentiles. La conferencia votó unánimemente a favor de Pablo y Bernabé y envió una carta, escrita probablemente por Jacobo, a Antioquía por Judas y Silas. Así fué garantizada la libertad de los gentiles de la ley ceremonial. Se les suplicó que se abstuviesen de la idolatría, asesinato y fornicación (vicios gentiles) y que respetaran la sensibilidad judaica acerca de animales ahogados y carne ofrecida a ídolos. Esto lo harían de buena gana. Pablo ganó una victoria inequívoca y hubo grande gozo en Antioquía.

4. La Debilidad de Pedro y Bernabé en Antioquía (Gál. 2:11-21).

No sabemos precisamente la fecha de esta visita de Pedro a Antioquía, si fué antes del segundo viaje misionero, como es probable, o después. Pero Pedro entró en pleno compañerismo con los cristianos gentiles en la vida social así como en la de la iglesia. La conferencia de Jerusalem no había dicho nada acerca de las relaciones sociales entre los cristianos gentiles y judíos, y los judaizantes, que habían sido tan completamente vencidos por Pablo en Jerusalem, probablemente se regocijaron de tener una nueva excusa para emprender de nuevo la controversia. Así fué que, cuando algunos de ellos vinieron a Antioquía, afirmaron haber venido de parte de Jacobo, aunque Jacobo había claramente repudiado toda responsabilidad de su primera visita (Hech. 15:24). No es verosímil que Jacobo haya enviado semejante comisión para investigar la conducta de Pedro para con los cristianos gentiles, aunque probablemente Pedro haya ido más lejos en la materia de la igualdad social que Jacobo mismo lo hubiera hecho. Pero la amenaza tuvo su efecto en Pedro, "teniendo miedo de los que eran de la circuncisión." Fué un caso claro de cobardía de parte de Pedro, y no de cambio de convicción. Una vez antes había sido llamado a cuentas sobre esta misma acusación por la iglesia de Jerusalem (Hech. 11:1). Su valor había flaqueado, como lo había hecho al tiempo de sus negaciones de Cristo. Aun Bernabé fué desviado por la disimulación de Pedro y los otros cristianos judíos de Antioquía. Esto inquietó muchísimo a Pablo, sintiendo que era el único defensor de la libertad gentil, denunció a Pedro en presencia de todos por andar como judaizante e hipócrita. ¡Es claro que Pablo no miraba a Pedro como papa! Pedro y Bernabé volvieron a estar del lado de Pablo. Fué cosa dura hacerlo, pero era mucho mejor hablar enérgicamente que guardar silencio y perder todo lo que se había ganado.

5. El Segundo Gran Viaje (Hech. 15:36-18:22).

(a) La Disputa acerca de Juan Marcos (Hech. 15:36-40).

La sugestión de Pablo de que volviese a visitar las iglesias para ver cómo les iba, hizo que Bernabé propusiera que llevasen otra vez a Marcos. Fué una contención dura, puesto que Pablo no quiso consentir de ninguna manera. Había mucho que decir por cada parte, y al fin convinieron en pensar de distinto modo. Pablo no quiso volver a experimentar con el que los había abandonado, y Bernabé deseaba que Marcos tuviera otra oportunidad. Así sucedió que Bernabé se fué a Cipro con Marcos, y Lucas deja de narrar su carrera. Pablo tomó a Silas en lugar de Bernabé y partieron con los buenos deseos de la iglesia en Antioquía.

(b) Siria y Cilicia (Hech. 15:41).

Pablo visitó a las iglesias que había establecido antes de venir a Antioquía para ayudar a Bernabé y las confirmó.

(c) Licaonia (Hech. 16:1-5).

Pablo pasó por las puertas cilicianas sobre la cordillera del Taurus llegando primero a Derbe y en seguida a Listra (ciudades de la provincia de Licaonia). En Listra halló a Timoteo, un hijo en el evangelio del primer viaje, que ya era trabajador activo con buena reputación. Pablo deseaba llevarlo consigo en lugar de Marcos, pero era medio judío y medio griego y por esto sería ocasión de constante irritación a los cristianos judíos. No se envolvía ningún principio como en el caso de Tito, y por esto Pablo mandó circuncidar a Timoteo. Pablo llevaba consigo los decretos dados en Jerusalem para asegurar a las iglesias gentiles su libertad.

(d) Frigia y Galacia (Hech. 16:6).

Lucas hace mención de Iconio en Pisidia sólo para decir que apreciaban mucho a Timoteo allí. Pablo quería seguir hacia el occidente para Efeso en Asia, pero el Espíritu Santo se lo prohibió. Por esto volvióse hacia el norte para pasar por la parte sudeste de Frigia y la parte occidental de Galacia. Esta es la significación natural del lenguaje, aunque Pablo está ya en la provincia de Galacia, que incluía la antigua Galacia, Licaonia, Pisidia, y parte de Frigia. Por esto, Galacia, como Frigia y Licaonia, podría usarse en el sentido más limitado de la Galacia antigua septentrional. Los eruditos no están de acuerdo sobre este punto, algunos opinando que Pablo nunca entró en esta antigua Galacia, pero de todos modos el texto de Lucas en Hech. 16:6 parece claro. Sería aún una cuestión debatible a quiénes dirigió Pablo su Epístola a los Gálatas. Si escribió a las iglesias de la Galacia septentrional, pensaba seguir su viaje sin detenerse, pero una "flaqueza de carne" (enfermedad) lo condujo a su forzada residencia (Gál. 4:13). Es posible que Lucas le salvara la vida en esta vez.

(e) Troas (Hech. 16:7-10).

De todos modos Lucas estaba en Troas en la orilla de Misia (parte de la provincia de Asia). Habiéndosele prohibido ir más para el norte hasta Bitinia, así como había sido estorbado de ir al occidente a Asia, Pablo optó por un camino medio y fué hacia el noroeste hasta Troas (realmente en Asia, después de todo). No quería volver sobre sus pasos ni ir para el oriente a Babilonia. El llamamiento a Macedonia que vino por medio de una visión en Troas, trajo a Pablo a una nueva crisis en su ministerio. Se halló frente al problema de ir a Europa, él que era judío asiático. Estuvo cerca del lugar donde Alejandro el Grande había desembarcado cuando vino de Macedonia para conquistar a Asia.

(f) Filipos (Hech. 16:11-40).

No sabemos si la casa de Lucas estaba en Filipos o no. Hay uno que otro argumento para probar que vivía en Antioquía. Pero parece que era cristiano griego y se quedó en Filipos hasta el fin del tercer viaje misionero. Podemos discernir su presencia por su uso de "nosotros." Filipos llamado así en honor de Felipe, padre de Alejandro el Grande, era una colonia militar romana. Había pocos judíos allí, y no era un centro comercial, aunque Lidia tuvo un buen comercio en paños de púrpura por el cual Tiatira, donde vivía, era famosa. Fué un principio nada propicio éste que tuvo Pablo en Europa, un pequeño lugar de oración (a veces se llamaban así las sinagogas) a algunas millas fuera de la ciudad al lado del río (para facilitar las abluciones judaicas). Pablo influyó en la vida de Filipos desde este lugar por medio de Lidia y su casa. Mientras hacía este trabajo, sanó a la pobre muchacha que estaba bajo el poder de un espíritu malo, y que era explotada por un grupo de dueños. Es curioso lo sensitivo que es la bolsa a cualquiera pérdida. Los amos de la muchacha se figuraron como campeones de la regularidad romana contra las costumbres judaicas de una manera tal que engañaban a los magistrados y al populacho. Era un embuste antiguo que con frecuencia ha tenido éxito y fué usado repetidas veces contra Pablo. Sólo la intervención de Dios aquella noche salvó a Pablo y Silas de la muerte, no obstante de ser Pablo ciudadano romano así como judío. El clamoreo no había permitido a Pablo reclamar sus derechos en este asunto. Pero el terremoto y la conversión del carcelero hicieron que los magistrados desearan callar el asunto poniendo en libertad a Pablo y Silas. Entonces Pablo reclamó sus derechos e hizo doblar la rodilla a los magistrados, por temor de perder su propia cabeza por haber maltratado a un ciudadano romano. Partiendo así con dignidad Pablo y Silas, se quedaron Lucas y Timoteo en Filipos.

(g) **Tesalónica** (Hech. 17:1-9).

Esta floreciente ciudad a orillas de la mar, la metrópoli de Macedonia existe todavía como Salónica, y había allí muchos judíos. Pablo se valió de la sinogoga para predicar a judíos y gentiles piadosos que adoraban allí. Este grupo de gentiles piadosos era el eslabón entre los judíos y gentiles en todas partes. Pablo tuvo demasiado éxito aquí en Tesalónica. En Filipos los hombres de negocios romanos, como se llamaban, levantaron el clamoreo contra Pablo. En Tesalónica, así como en Antioquía de Pisidia, los rabbíes encabezaron el ataque. En Antioquía consiguieron la ayuda de los hombres y mujeres principales de la ciudad y es posible que influyeran para que los magistrados ordenasen que Pablo se fuese de la ciudad. Aquí en Tesalónica tuvieron que emplear a algunos hombres malos y ociosos para hacer una gran conmoción en la ciudad, y con ese pretexto prendieron a Jasón, el hospedador de Pablo, y otros, puesto que no podían hablar a Pablo. Acusaron a Pablo de predicar la sedición y poner a otro rey rival a César. Jasón tuvo que dar seguridad legal. Por esto Pablo se fué de la población para que no tuviera que sufrir Jasón. En 1 Tes. Pablo dice bastante acerca de su trabajo en Tesalónica. Es probable que se quedara más de tres semanas.

(h) **Berea** (Hech. 17:10-14).

La historia del trabajo en Berea es muy semejante, con excepción de que los judíos movidos por una franqueza y sinceridad singulares, escudriñaron las Escrituras para ver si la interpretación era correcta. A no haber sido por la llegada de judíos intrigantes de Tesalónica se habría efectuado una obra grandiosa. Aun así muchos creyeron. Timoteo ya había venido con Felipe y con Silas, y se quedó en Berea, mientras que Pablo se apresuró a escaparse de los rabíes judíos que no dejaron de perseguirle.

(i) **Atenas** (Hech. 17:15-34).

Algunos de los hermanos fueron con Pablo a Atenas y volvieron con una súplica de parte de Pablo que Timoteo y Silas viniesen sin dilación. Parece que Timoteo al fin vino (1 Tes. 3:1-6), y fué enviado de nuevo a Tesalónica a causa de un disturbio entre los discípulos allí. Pero al principio el espíritu de Pablo no tuvo descanso en Atenas. Este centro de cultura estuvo entregado a la idolatría y la belleza del arte hería a cada paso el corazón de Pablo al ver las supersticiones. Pero no estaba Pablo ocioso en Atenas. Hablaba a los judíos en la sinagoga el sábado, y se mezclaba con las multitudes en la agora o mercado durante la semana. Los epicúreos y estoicos se burlaron de su enseñanza dejando del todo de entenderla, pero algunos tuvieron suficiente cortesía y curiosidad para desear volver a oírle. Así fué que en "el Cerro de Marte" o Areópago, Pablo expuso a una muchedumbre curiosa la naturaleza del verdadero Dios y la esperanza de la vida eterna en Cristo Jesús. Luego que tocó la doctrina de la resurrección se cansaron y se retiraron, y algunos hasta se burlaron. De modo que, aunque era un gran sermón, los resultados no fueron brillantes en Atenas.

(j) **Corinto** (Hech. 18:1-17).

En 1 Cor. 2:1-5 Pablo describe su estado de ánimo mientras iba a Corinto. Se apegaría al evangelio a pesar del trato que había recibido en Atenas. Corinto era una ciudad comparativamente nueva (reedificada por Julio César) la capital de Acaya, y anhelaba toda la ostentación de ciencia y arte. Afectaron la filosofía y religión, pero eran ricos y corrompidos. El mismo término, "corintianizar" significaba ser inmoral. Pero de todos modos, no se hallaba allí el tono arrogante de orgullo intelectual. Oirían, sea que les gustara la sencillez del estilo de Pablo o no. Pablo tuvo la fortuna de hallar en Corinto a Aquila y Priscila como colaboradores y ayudantes. No sabemos si eran ya cristianos o no. El disturbio en Roma que condujo a la expulsión de los judíos por Claudio, fué sobre un "Crestus" (quizá Claristus). Pero fué la venida de Silas y Timoteo de Tesalónica con buenas noticias, lo que hizo posible que Pablo se dedicara con ahinco a la predicación. El efecto fué instantáneo. Aquí otra vez el celo de los jefes judaicos probó el poder del ministerio de Pablo. Rehusaron permitirle seguir usando la sinagoga para hacer una propaganda cristiana. Pero no se mejoró la cosa cuando Pablo se cambió a la casa junto a la sinagoga y capturó a Crispo el prepósito de la sinagoga. Pablo evidentemente pensaba irse antes de que las cosas llegaran a ser demasiado serias, porque Jesús tuvo que amonestarle en una visión a que se quedara. La rabia de los judíos buscó alivio en traer a Pablo ante Galio, hermano de Séneca, el nuevo procónsul, el cual rehusó entrometerse, y así dió al cristianismo la protección de la ley romana como una forma del judaísmo. Es probable que fuesen los judíos los que hirieron a Sóstenes por no hacer que castigaran a Pablo. Pablo se quedó en Corinto como dos años, probablemente 51-52 A. D.

(k) Las Epístolas a Tesalónica.

La venida de Silas y Timoteo a Corinto con noticias acerca de la excitación sobre la segunda venida de Cristo indujo a Pablo a escribirles una carta durante esta estancia en Corinto (51-52). Pablo había sido mal entendido y representado como diciendo que Jesús podría volver mientras vivían. Esto no lo había dicho, sino sencillamente que debieran estar listos, porque Jesús podría volver en cualquier tiempo. Algunos habían ido a tal extremo que habían dejado del todo de trabajar a causa de su creencia sobre el asunto. Por esto Pablo escribió con gran ardor y ternura explicando lo que había querido dar a entender. Pronto volvió a escribir una segunda carta, puesto que algunos no entendían aún. Algunos piensan que esta segunda carta fué dirigida a una iglesia judía en Tesalónica.

(l) **Efeso** (Hech. 18:18-21).

Parece que Timoteo y Silas se quedaron en Corintio o regresaron a Macedonia, porque solamente Aquila y Priscila fueron con Pablo a Efeso. Estos se quedaron allí mientras Pablo fué a Jerusalem, con la esperanza de volver más tarde, lo cual hizo.

(m) **Cesarea y Jerusalem** (Hech. 18:22).

No es claro si Pablo fué a Jerusalem o no, aunque esta es la significación probable del lenguaje. Si fué así, no sabemos nada de lo que sucedió. Quizás los apóstoles estaban todos ausentes.

(n) **Antioquía** (Hech. 18:22).

Pablo está de nuevo en Antioquía. Es probablemente el año 53 A. D. ¿Vería a Bernabé? De todas maneras tuvo a muchos amigos aquí que escucharían con gusto la maravillosa historia de este gran viaje.

6. ¿Dónde están los Judaizantes?

Veremos en el capítulo siguiente que estaban ocupados en seguir las pisadas de Pablo e inquietando a sus convertidos. Estaban especialmente activos en Acaya y Galacia. Así que Pablo tuvo que contender con judíos y griegos en frente y judaizantes atrás de sí.

TOPICOS PARA LA REVISTA.

1. Abriendo la puerta para los gentiles.
2. Las iglesias en Antioquía y Jerusalem.
3. El llamamiento para ser misionero.
4. Juan Marcos.
5. Chipre.
6. Sergio Paulo.
7. Perga en Pamfilia.
8. Antioquía en Pisidia.
9. Listra y Derbe en Licaonia.

CAPITULO XI.

EL EVANGELIO DE PABLO.

1. Edificando las Iglesias.

Durante el tercer gran viaje (probablemente 53-57 o 54-58 A. D.) Pablo por lo general volvió a visitar sus campos anteriores de trabajo. La estancia de tres años en Efeso la dedicó principalmente a trabajo nuevo, aunque había visitado a Efeso antes. El viaje a Ilírico era nuevo también. Pablo se ve aquí como el estadista misionero con su mano sobre la obra en todos los puntos y haciendo planes para ganar el imperio romano para Cristo.

2. Maestro de las Iglesias.

Durante estos años Pablo escribió las grandes Epístolas doctrinales (1 Corintios, 2 Corintios, Gálatas y Romanos). Hay posibilidades de que Gálatas se escribió en una época anterior, pero el orden más probable es el que se da arriba. Estas Epístolas constituyen el evangelio de Pablo en el sentido más verdadero (Rom. 2:16). Los esfuerzos persistentes para imponer el judaísmo en los conversos gentiles de Pablo lo obligaron a interpretar el evangelio en términos de gracia y libertad. Su trabajo en Efeso fué de gran valor, pero estas Epístolas valían mucho más. Hay cuatro grupos de las Epístolas de Pablo: (1) 1 y 2 Tesalonicenses; fecha 50-52 A. D.; tema principal: La segunda venida de Cristo. (2) 1 y 2 Corintios, Gálatas, Romanos; fecha 55-58; tema principal: Justificación por fe. (3) Filipenses, Filemón, Colosenses, Efesios; fecha 60-63; tema principal: La persona de Cristo. (4) Las Epístolas Pastorales (1 Timoteo, Tito,

2 Timoteo); fecha, 65-68; tema principal: Problemas pastorales y eclesiásticos.

3. Los Compañeros de Pablo.

No había nadie que estuviera de continuo con él. Aquila y Priscila, Timoteo, Tito, Erasto, Gayo, Aristarco y Apolos aparecen con él en Efeso. Timoteo, Lucas, Tito, y Erasto estuvieron también en Macedonia. En Corinto se mencionan varios ayudantes como Gayo, Erasto, Cuarto, Tercio, Timoteo, Lucio, Jasón, Sopater, y Fabe de Cencrea. En el camino para Jerusalem vemos a Sopater de Berea, Aristarco y Segundo de Tesalónica, Gayo de Derbe y Timoteo de Listra, Lucas de Filipos, Tíquico y Trófimo de Efeso (Asia). Parece que Pablo salió solo de Antioquía para Efeso.

4. De nuevo en Galacia (Hechos 18:23).

No sabemos cuánto tiempo Pablo se quedó en Antioquía, pero el lenguaje de Lucas parece dar a entender que serían algunos meses. Prometió volver a Efeso (Hech. 18:21), y, después de un buen descanso, se puso en camino. Siguió la ruta por la parte septentrional (Hech. 19:1), viniendo por Galacia y Frigia en vez de por Frigia y Galacia (16:6), como antes. Esta declaración quiere decir aparentemente que Pablo pasó por la Galacia verdadera o céltica (septentrional) en lugar de la parte meridional o licaoniana de la provincia. Pero es una cuestión técnica muy disputada. O podemos pensar que Pablo siguió la antigua ruta (Derbe, Listra, etc.), o suponer que pasó por poblaciones más para el norte, como Ancira y Pesino, en la Galacia septentrional a donde puede ser que fuese en el segundo viaje. En todo caso confirmó las iglesias.

5. Apolos (Hechos 18:24-28).

Antes de que llegara Pablo a Efeso vino allí desde Alejandría un joven y brillante ministro de educación esmerada, que sabía solamente la enseñanza de Juan el Bautista. Parece que Apolos sabía con exactitud la historia de Jesús hasta donde Juan la sabía, pero no había oído la parte acerca de su muerte, resurrección y la venida del Espíritu Santo en el Pentecostés. Le cupo la grande fortuna en Efeso de caer en manos de Priscila y Aquila, quienes le instruyeron en lo que no sabía y le dieron cartas de presentación a los santos en Corinto, a donde fué y obró con gran poder, tanto que algunos opinaban que era superior a Pablo. Apolos no había recibido sino el bautismo de Juan, pero no fué rebautizado.

6. Tres años en Efeso (Hech. 19:1-20:1, 18-35).

(a) **Discípulos mal informados de Juan el Bautista** (Hech. 19:1-7).

No hay indicación de que este grupo de doce hombres tuviera conexión alguna con Apolos. Apolos sí sabía bastante acerca de Jesús, pero estos hombres ignoraban a Jesús, el Espíritu Santo y el arrepentimiento. Pablo los instruyó de nuevo, porque no habían recibido correctamente la enseñanza del Bautista sobre sus grandes temas (el arrepentimiento, Jesús como el Mesías, el bautismo del Espíritu Santo). Pablo entonces mandó que fuesen bautizados, porque su primer bautismo no significaba nada, y recibieron el don del Espíritu Santo.

(b) **En la Sinagoga** (Hech. 19:8).

Aquí Pablo predicó osadamente por tres meses acerca del reino de Dios, cuando su éxito despertó la oposición de los judíos, como con tanta frecuencia antes.

(c) **En la Escuela de Tyranno** (Hech. 19:9).

Pablo separó a los discípulos, como en Corinto, haciendo que la escuela de Tyranno fuese el lugar de la reunión. Aquí por otros dos años trabajó con grandes resultados por toda la provincia de Asia. Se mantuvo a sí mismo mientras estuvo allí (Hech. 20:34), como en Corinto y en otras partes, y sin embargo razonó diariamente acerca de Jesús. El trabajo se extendió por toda la provincia de Asia. Efeso era la capital de esta gran provincia y era una de las grandes ciudades del mundo.

El orgullo de la ciudad era el gran templo de Diana, el cual era una de las siete maravillas del mundo. La ciudad era la principal del círculo de siete a las cuales Juan escribe la Revelación. La larga permanencia de Pablo en Efeso dió oportunidad para que su obra se profundizara y se extendiera por todas partes.

(d) **La Superstición Pagana** (Hech. 19:11-20).

El culto de Diana, de Cibeles la diosa de Frigia, los cultos misteriosos, los adivinos, los hechiceros y exorcistas, todos florecieron en Efeso. Dios honró la fe inperfecta de algunos que, tomando pañuelos de Pablo, fueron sanados de sus enfermedades (comp. la sombra de Pedro, y el borde del vestido de Cristo). El oriente estaba lleno de magos (comp. Simón Mago y Elimas Bar-Jesús), quienes engañaban al pueblo con sus fraudes. Lucas narra el triste fin de siete hijos de Scova que procuraron imitar el lenguaje de Pablo con malos resultados para sí mismos. Es posible que "ambos" aquí (en el griego, "dos" en la versión de Scío), como una vez en los papiros, significa todos ellos, y no meramente "dos." El quemar los libros de magia en Efeso, como resultado de este episodio muestra la profundidad de la obra de Pablo allí y la grande influencia de la superstición en la vida del pueblo. El estudio y uso de estos encantos florecieron no sólo en Efeso sino en todas partes del mundo romano.

(e) **Demetrio** (Hech. 19:23-40).

La furia de Demetrio contra Pablo también prueba lo eficaz del ministerio de Pablo en Efeso. El comercio de Demetrio decayó hasta tal grado que reunió a los **artífices** (gremio industrial) a semejanza de una **reunión** de vendedores de licores embriagantes en una **campaña** de prohibición. Demetrio reveló una combinación de avidez de oro y celo de religión. Usó la piedad popular como parte de su capital y levantó un motín en el nombre de Diana para proteger sus intereses comerciales. Tuvo excelente éxito. Puede ser que Pa-

blo estuviera enfermo, pero aun así, con grande dificultad fué restringido de ir a defender a Gayo y Aristarco
en el anfiteatro. La influencia de los asiáticos, hombres de alto rango como presidentes de los juegos, fué
la que restringió a Pablo de ir. Fué un motín típico, como descubrió Alejandro el judío. A no haber sido por
la presencia del escribano de la ciudad podría haberse
derramado sangre. Pero el disturbio hizo imperativo que
Pablo se fuese de Efeso antes de que aconteciese algo
peor. Ya había batallado contra fieras aquí (1 Cor. 15:
32), sea cual fuese la significación de esto. Puede ser
que se refiera a los judaizantes usando este término.
Había mirado cara a cara a la muerte, siendo salvo por
la ayuda de Dios (2 Cor. 1:9). Es posible que Pablo haya estado encarcelado en Efeso hacia el fin. Se atribuye a Marción el dicho de que Pablo escribió a los laodicenses mientras estuvo en la cárcel en Efeso. Quisiera uno saber más de los detalles de estos últimos meses.

7. Primera Epístola a los Corintios.

Cuando Pablo escribió las Epístolas esperaba quedarse en Efeso hasta Pentecostés (1 Cor. 16:8). Por esto, es
probable que escribiera como por el tiempo de la pascua.
Fué probablemente la primera parte de 56 o 57 A. D. El
episodio de Demetrio vino después de escrita esta Epístola por Pablo y le hizo partir más pronto de lo que esperaba. Una comisión había venido de Corinto compuesta
de Estéfanas, Fortunato y Acaico (1 Cor. 16:17), que
trajo una carta de la iglesia allí tocante a varios problemas (1 Cor. 7:1; 8:1; 12:1; 16:1). Es probable que tuvieran que añadir mucho. La familia de Cloé también
había dicho a Pablo acerca de la división en la iglesia (1
Cor. 1:11). Pablo ya había escrito a la iglesia acerca
de un caso de grande inmoralidad (1 Cor. 5:9). También había enviado a Timoteo para arreglar las cosas
(1 Cor. 4:17) antes de ir él mismo (1 Cor. 16:7). En
verdad puede ser que hiciese él mismo una corta visita,
pero no es probable. Apolos había, sin embargo, vuel

to a Efeso y no estaba dispuesto a regresar ahora (1 Cor. 16:12). Así fué que Pablo sabía plenamente la situación en Corinto y estaba muy inquieto acerca de ella. La iglesia estaba dividida en facciones acerca de Pablo, Apolos, Cefas (Pedro) y aun Cristo (1 Cor. 1:12). Pablo había fundado la iglesia, pero Apolos la había regado, y cada uno había tenido sus discípulos. Parece que Pedro no había estado allí nunca, pero de todos modos los judaizantes vinieron y le reclamaron como de su partido (desde el desacuerdo en Antioquía). Otros, disgustados con todo esto, proclamaron el partido de Cristo. Así obraban. El caso de incesto fué mezclado también con el sentimiento de partido. Pablo ordenó que fuese expulsado el hombre. Existían miras pervertidas acerca del matrimonio. Muchos tuvieron escrúpulos acerca de comer carne que había sido colocada en frente de un ídolo. El arreglo del pelo de las mujeres para el culto fué un problema. La cena del Señor fué ocasión de glotonería. Los mismos dones del Espíritu había conducido a contiendas. Se negó la resurrección de Jesús y de los santos. La colecta para los pobres en Jerusalem no se hizo. Si alguna vez alguna iglesia ha estado en confusión, lo estaba la iglesia de Corinto. El secreto de todo era la propaganda judaizante allí que guardó las cosas de inquietud. Pablo escribió con grande sabiduría, poder, espíritu y amor.

8. En Macedonia Otra Vez (Hech. 20:1; 2 Cor. 2:13; 7:5-7, 13).

Antes de partir de Efeso, Pablo había enviado a Tito a Corinto para hacer, lo que según parece, Timoteo no había podido efectuar. Pablo había estado un poco dudoso acerca del poder de Timoteo en esta misión tan delicada (1 Cor. 16:10). Por esto, cuando regresó Timoteo, le envió a él y a Erasto a Macedonia (Hech. 19:22). El plan era que Tito regresara por Macedonia a unirse con Pablo en Troas en su viaje desde Efeso a Filipos. Pero el alboroto en Efeso hizo que Pablo se marchara de esa ciudad antes del tiempo en que había pensado hacerlo. De modo que estaba en Troas antes de que fuera tiempo para que Tito llegara y estaba muy intranquilo, estando probablemente débil y nervioso por una larga enfermedad. Estaba en el nadir de desaliento sobre el giro que habían tomado los negocios en Efeso y Corinto. No pudo entrar por la puerta abierta en Troas y así siguió su camino hasta Macedonia. En Filipos podría estar con Lucas, Timoteo, Erasto y Lidia, y podría esperar a Tito.

9. Segunda Epístola a los Corintios.

Afortunadamente Tito vino a Macedonia (2 Cor. 7: 5-7), trayendo buenas noticias. Pablo había probablemente enviado otra carta por Tito mucho más severa en su tono (Comp. 2 Cor. 2:3; 7:8) que 1 Cor., puesto que ésta y la visita de Timoteo habían dejado de rectificar las cosas. Esta carta más severa había costado a Pablo lágrimas y angustia de corazón hasta que Tito le dijo cuánto bien había hecho. La mayoría ha tomado ahora el lado de Pablo y está pronto para perdonar al ofensor que ha hecho tanta molestia (2 Cor. 2:5-11). Quién sería este hombre, no lo sabemos; pero ya está listo para mostrar el arrepentimiento. Algunos eruditos piensan que esta epístola perdida está realmente hallada (o una parte de ella) y que está en los capítulos 10-13, que por equívoco han sido agregados a la última Epístola. Esta teoría explicaría el tono de las dos partes de 2 Corintios, pero la antigua opinión también asienta esto, pues hace que los capítulos 1-9 se apliquen particularmente a la mayoría obediente, y los capítulos 10-13 a la minoría desobediente. Así es que las cuatro facciones de los corintios ya se han resuelto en dos: (un partido a favor de Pablo y otro en contra de él). Los judaizantes tienen que ser completamente vencidos. Pablo explica ampliamente por qué ha estado ausente por tanto tiempo, que era para no tener que corregirlos con ira (2 Cor. 1:23; 2:1; 13:1). Le habían acusado de liviandad (2 Cor. 1:16) y de toda clase de errores los cuales refutó detalladamente (1:10-

12).   Su propio espíritu se regocijó por el resultado (2 Cor. 2:12) y se gloriaba en el ministerio (2 Cor. 2:14-6:10) en un maravilloso panegírico sobre la predicación. Dió direcciones minuciosas para que completaran la colecta (8, 9), y afirmó su autoridad apostólica sobre la minoría recalcitrante (13).   La Epístola vibra con pasión y poder.

10. Ilírico (Rom. 15:19).

Mientras Tito y los otros dos mensajeros llevaron esta poderosa Epístola a Corinto, parece que Pablo siguió su camino por la gran Vía Egnacia hacia el occidente hasta Ilírico a fin de no construír sobre el fundamento de otro hombre y para dar tiempo para que la carta hiciese su obra.   Parece que la hizo muy eficazmente, porque no hubo más disturbios en Corinto.

11. De Nuevo en Corinto (Hech. 20:2).

No es claro si Pablo realmente había venido dos veces antes o si solamente había estado listo para venir (2 Cor. 2:1; 13:1).   De todos modos, vino esta vez y se quedó tres meses sin ser molestado por los judaizantes que parecen haberse desaparecido de la ciudad. Pablo tiene inquietud mientras está en Corinto, pero son recelos acerca de Jerusalem (Rom. 15:26-32). Siente, mientras está en Corinto que ya completó su obra aquí, que tal vez ya no se necesita, y desea pasar por Jerusalem en su camino para Roma y España (Rom. 15:22-25).   Desea llevar allí la gran colecta para los santos que ha estado recogiendo por algunos años en Galacia, Asia, Macedonia y Acaya.

12. Gálatas.

Seguimos a Lightfoot en opinar que Gálatas fué escrita durante esta estancia en Corinto el invierno de 57 o 58 A. D., o en el otoño anterior.   En efecto no sabemos dónde estuvo Pablo cuando escribió las ardientes palabras de esta gran Epístola. El tono de la carta se adapta bien entre Corintios y Romanos. Algunos eruditos hasta la toman como la primera de las Epístolas de Pablo. No se ha resuelto la cuestión, pero la dejamos así hasta que sepamos mejor. No sabemos si Pablo, al decir "Galacia" significa la provincia como un todo, la Galacia Septentrional, o la Galacia Meridional. Cualquiera es posible. La carta no es conclusiva en cuanto a fecha o lugar, pero es bastante clara en cuanto a la ocasión. Habían venido judaizantes y habían insistido en que estos cristianos gentiles se hiciesen judíos a fin de salvarse. Habían ganado a algunos para el grande asombro de Pablo (Gál. 1:6). Los judaizantes habían dicho que Pablo no era uno de los doce y que por esto no tenía autoridad, dando a entender que los doce estaban de acuerdo con ellos y contra Pablo. Esto Pablo muestra que no es cierto. No era uno de los doce, pero sí tenía igual autoridad, y los doce estaban de acuerdo con Pablo en el asunto de la libertad de los Gentiles (1, 2). Así Pablo muestra que la misma esencia del evangelio es la justificación por la fe, no por obras de la ley (3, 4). Los instó a ser leales a Cristo, a ser santos en la vida, y a estar firmes en la libertad de Cristo (5, 6). Esto era una clarinada de libertad.

13. Romanos.

Sabemos bien que Pablo estaba aún en Corinto cuando escribió ésta, la más grande de las Epístolas, puesto que Febe de Cencrea, el puerto de Corinto, la lleva (Rom. 16:1). Está para marcharse para Jerusalem (Rom. 15: 25), y espera proseguir a Roma (Rom. 15:23), como con frecuencia había hecho sus planes para hacerlo, pero había sido estorbado (Rom. 1:10-13; 15:22). Los reclama a ellos en su jurisdicción como apóstol a los gentiles (Rom. 15:16), y les da esta presentación extendida de su evangelio (Rom. 2:16), porque no ha podido hablarles en persona. Es deudor a griego y bárbaro, a sabio e ignorante, y está pronto para hablar a los que están en Roma cuando pueda hacerlo. Pablo manifiesta su tesis de que el evangelio es el poder de Dios para los que

creen. Se justifica uno, por fe en Cristo que murió por
los pecados del mundo. Tanto el judío como el gentil están perdidos sin Cristo y necesitan de la redención que
hay en Cristo. Pero la sangre de Cristo no sólo nos salva,
sino también nos exige el vivir santamente. La justificación envuelve la santificación. Los judíos han perdido en
gran parte su oportunidad, la cual ha sido traspasada a
los gentiles, pero el Israel espiritual de Dios es salvo en
Cristo. La última parte de la Epístola se dedica a los
aspectos prácticos de la vida cristiana.

14. Otra vez en Jerusalem (Hech. 20:3-21:16).

Ya es la primavera de 57 o 58 A. D. Pablo ha vencido a
los judaizantes en Acaya y según parece en Galacia también. La obra está bien establecida en Macedonia y en
Asia. Santiago, Pedro y Juan llevaban adelante la obra
misionera entre los judíos. El occidente presentaba cada vez más encantos a Pablo. Deseaba ir a España, pasando por Roma. En una palabra, la ambición de Pablo era ganar el imperio romano para Cristo. Ya pasaron
como quince años desde que Pablo fué a Antioquía a súplica de Bernabé. Ha hecho tres grandes viajes misioneros, esforzando las iglesias, y escribiendo grandes epístolas, pero anhela otros campos en donde el evangelio no se
ha predicado (Rom. 15:20). Durante estos años Pablo había tenido también la más grande controversia de su carrera, salvando el verdadero cristianismo del legalismo
ritual de los judaizantes. Había sido una lucha dura y pro-
longada, pero al fin había triunfado. El asiento principal
de los judaizantes era Jerusalem, aunque Santiago y los
doce apóstoles eran del partido de Pablo. No obstante
esto los judaizantes tuvieron gran influencia sobre la
masa de la iglesia allí, y, mientras él estaba ausente haciendo conversos de entre los gentiles, ellos se ocupaban de propagar toda clase de cuentos acerca de él. Una
vez antes, hacía como siete u ocho años que Pablo había
ido a Jerusalem para ver acerca de este asunto (Hech.
15). Parecía prudente volver a ir y hacer que Santia-

go afirmara de nuevo el acuerdo acerca de la libertad de los gentiles a que llegaron entonces. Había peligro serio de un cisma en el cristianismo si no se solucionaba la cuestión una vez para siempre. Los judaizantes habían podido meter en confusión las mentes de muchos cristianos judíos que no estaban opuestos a la libertad de los gentiles. Por algunos años Pablo se había ocupado con las colectas de los cristianos gentiles de Acaya, Macedonia, Asia, Galacia para los santos pobres de Jerusalem. Una vez antes él y Bernabé habían llevado una contribución semejante a Jerusalem de la iglesia griega de Antioquía, y había tenido buen efecto (Hech. 11:27-30). Además de esto, era parte del acuerdo en Jerusalem que esto se hiciera (Gál. 2:10). Pablo ha puesto mucho cuidado para que la colecta sea bien manejada por los agentes de las iglesias (2 Cor. 8:16-24), algunos de los cuales le acompañaron en el camino hacia Jerusalem. Había esperado navegar directamente a Siria, pero un complot de judíos contra él en Corinto le hizo cambiar de planes de modo que fué a Macedonia y se reunió con Lucas en Filipos, el cual no dejó a Pablo desde entonces hasta que llegó a Roma. Pasaron la semana de la pascua en Filipos y después Pablo y sus compañeros siguieron su camino hasta Jerusalem viajando despacio, esperando llegar a la ciudad para el día de Pentecostés. En Troas Pablo se unió con la iglesia en la celebración de la cena del Señor y predicó toda la noche antes de su partida el día siguiente. En Mileto el navío se detuvo el tiempo necesario para que enviara a Efeso para suplicar que los ancianos (obispos) de la iglesia vinieran, a quienes hizo un tierno discurso de despedida, lleno de recelos acerca de lobos que amenazaban a la grey allí (comp. la herejía de los gnósticos). Pablo reasumió su obra de tres años en Efeso, y los encomendó a Dios en caso de que no volviese a verlos. Pablo sabía bien que tendría que arrostrar peligros (prisiones y tribulaciones) si iba a Jerusalem, pero se sentía obligado "ligado en espíritu" a ir. El deber le llama y debe seguir adelante, venga lo que viniere. En Patara cambiaron de barcos. En Tiro hallaron una compañía de discípulos los cuales amonestaron a Pablo que no fuese a Jerusalem, porque corría peligro, pero siguió adelante. En Cesarea el profeta Agabo, de una manera dramática, le amonestó de lo que le esperaba en Jerusalem, pero Pablo no temía, y siguió su camino no obstante la protesta de Lucas y los demás, los cuales se sometieron a la voluntad del Señor. Así sucedió que al fin Pablo se acercó una vez más a Jerusalem. Había hallado a un amigo que había de ser su huésped en Jerusalem, uno de los primeros discípulos, Mnasón de Chipre. ¿Qué hará Jerusalem con Pablo ahora? La ciudad le ha sido una experiencia en el pasado.

TOPICOS PARA LA REVISTA.

1. Los colaboradores de Pablo.
2. Apolos.
3. Discípulos de Juan el Bautista.
4. Efeso.
5. Supersticiones paganas.
6. El culto de Diana.
7. El cristianismo y los negocios malos.
8. Problemas en Corinto.
9. Primera Epístola a los Corintios.
10. Segunda Epístola a los Corintios.
11. Gálatas.
12. Romanos.
13. La teología de Pablo.
14. La grande colecta para los pobres en Jerusalem.
15. Los planes de Pablo para el futuro.
16. El propósito de Pablo en ir a Jerusalem.

CAPITULO XII.

EL LARGO ENCARCELAMIENTO DE PABLO

Pablo estaba listo para todo lo que pudiera sucederle, pero no sospechaba lo que los años habían de traerle a causa de este viaje a Jerusalem. Una de las bendiciones de la vida es precisamente esta ignorancia del futuro. Como mostró el suceso, el ministerio activo de Pablo tocó prácticamente a su fin cuando llegó a Jerusalem para el pentecostés de 57 o 58 A. D. Pasaron al menos cinco años antes de que se satisfacieran las acusaciones contra él. Algunos piensan que nunca fué puesto en libertad hasta su muerte.

1. Recepción en Jerusalem (Hech. 21:17-20).

La bienvenida que le dieron los hermanos principales fué bastante cordial. Habían pasado como ocho años desde la gran conferencia cuando Pablo había conseguido un triunfo tan importante. Ahora ha vuelto rico con el fruto de aquella política. El día siguiente Pablo y sus compañeros (Lucas y Trófimo estaban con él todavía, si no Aristarco) hicieron una visita formal a Santiago como cabeza de la iglesia en Jerusalem. Todos los ancianos estaban presentes. Fué probablemente en esta ocasión cuando la colecta fué entregada a Santiago, aunque no se hace mención de ello hasta más tarde (24:17). Pablo tuvo una larga historia qué decir de su trabajo. La refirió detalladamente, relatando las cosas "una por una." La historia hizo una grande impresión y glorificaron a Dios.

2. Una Proposición para Corregir una Equivocación (Hech. 21:20-26).

Puede ser que fuese Santiago o algún otro hermano el que hizo la sugestión. Lucas dice "ellos," y probablemente fué el resultado de una conferencia previa de parte de los amigos de Pablo en Jerusalem que deseaban poner fin al poder de los judaizantes sobre la iglesia de Jerusalem tocante a Pablo. Durante la ausencia de Pablo los judaizantes habían circulado diligentemente la noticia que Pablo enseñaba que los cristianos judíos debieran abandonar las costumbres de sus antepasados y vivir como los gentiles. Esto, por supuesto, era una perversión completa de los hechos. Pablo había ganado la batalla a favor de la libertad de los gentiles de la ley ceremonial judaica, pero no había instado a los cristianos judíos a abandonar sus costumbres judaicas. El mismo había guardado las observancias ceremoniales judaicas y por esto estaba aquí ahora en la fiesta de pentecostés. Pablo no había dicho que un judío **debería** guardar las observancias judaicas. Había abogado a favor de la libertad, por ejemplo, sobre el asunto del Sábado o el día del Señor (domingo) como el día de culto para los cristianos (Rom. 14:6). La sugestión de los hermanos es, en breve, que Pablo pague los gastos de los sacrificios de cuatro hombres que tienen voto, purificándose a sí mismo y a ellos en el templo, a fin de que Pablo sea visto adorando en el templo. En la mente de Pablo, Jesús es el único gran sacrificio por el pecado. Todo lo demás era típico pero no tuvo objeción a lo propuesto como indudablemente refutaría la noticia falsa acerca de él. Lo hizo, y fué visto en el templo ocupado en este acto de culto. Es probable que los cristianos judíos quedaran satisfechos y que el plan lograra su fin.

3. El Asalto de parte de los Judíos de Asia (Hech. 21: 27-22:29).

Pero Pablo tuvo otros enemigos además de los judaizantes. Sucedió que algunos judíos de Efeso que conocían a Pablo y le odiaban estaban aquí en la fiesta de pentecostés. Por casualidad estos hombres vieron a Pablo un día en el templo hacia el fin de los siete días que había Pablo pasado con los cuatro hombres en la purificación. Podrían o no podrían haber sabido lo que hacía Pablo, pero de todos modos, mientras estaban en el mismo acto de honrar el templo y las observancias judaicas, Pablo fué atacado por estos judíos de Efeso como contaminador del templo y enemigo de la ley de Moisés y del pueblo judaico. Hicieron una acusación específica de que Pablo había metido a griegos en la parte judaica del templo. Habían visto a Pablo andando con Trófimo, cristiano griego de Efeso, un día en Jerusalem. Por esto infirieron que Pablo había metido a Trófimo y otros griegos en el templo más allá del atrio de los gentiles. Esta falsa acusación fué todo lo que se necesitaba para dar al odio reprimido de los judíos de Jerusalem una oportunidad para descargarse contra Pablo, a quien miraban como un desertor y traidor de la fe de sus antepasados. Cinco años se gastaron en aclarar las equivocaciones de este momento de odio y rencor. La historia se relata por Lucas con poder gráfico. Presto la ciudad está alborotada y Pablo es sacado fuera del templo y las puertas son cerradas. La suerte de Esteban habría cabido a Pablo también a no haber el tribuno de la compañía corrido de la torre de Antonia con soldados para rescatarle. La escena recuerda el motín, delante del pretorio de Pilato que pidieron a gritos la crucifixión de Jesús. El tribuno estaba muy perplejo acerca de quién sería Pablo. Mandó atarlo con dos cadenas, pensó que era el asesino egipcio, se asombró que Pablo pudiera hablar el griego, y permitió que se parara en las gradas y se dirigiera en aramaico al motín que pedía a gritos su sangre. El tribuno se asombró aún más cuando de repente el gentío, oyendo la palabra "gentiles" se puso frenético de ira y estaba para azotar a Pablo cuando éste afirmó en su defensa que era ciudadano romano. Pablo, con la ayuda del tribuno, apenas había escapado con vida.

4. Pablo ante el Sanedrín (Hech. 22:30-23:10).

Pablo había estado ante el Sanedrín a menudo hacía más de veinte años, con cristianos como culpables, y en verdad, puede ser que antes hubiera sido miembro de él, pero ahora va a ser juzgado él mismo ante este augusto cuerpo de sus compatriotas. Estuvo aquí por el mandato del tribuno que esperaba que el Sanedrín podría dar a entender precisamente qué clase de criminal era Pablo, porque él mismo no lo sabía. De modo que Pablo fué presentado delante del Sanedrín sin ninguna acusación específica (comp. el juicio de Jesús). Pablo no era extraño para los más de estos hombres. Lucas representa a Pablo como "mirando fijamente al Sinedrio" (Ver. Mod.), tal vez para ver si podía ver entre ellos un rostro amistoso. De todos modos se aventuró a hacer una observación general como para defender toda su carrera hasta ahora, incluyendo su cambio desde el judaísmo hasta el cristianismo. La intensidad del odio en el Sanedrín hacia Pablo halla ahora expresión después de todos estos años de aborrecerle. El sumo sacerdote Ananías al momento ordenó a un espectador a que hiriera a Pablo en la boca. Instantáneamente el tono apologético de Pablo se cambió a uno de fuerte indignación y expresó su ira contra Ananías. La apología de Pablo por hablar así contra el sumo sacerdote significa naturalmente que por el momento no se detuvo para considerar contra quién hablaba. Pero es claro ahora que Pablo no tiene esperanza de justicia delante de este cuerpo tan preocupado. Son tan hostiles como el motín del día anterior. Su táctica en dividir el concilio proclamándose como fariseo ha sido criticada alegando que Pablo no era ya fariseo. No era fariseo solo o completamente, pero escogiendo entre fariseo y saduceo sí era fariseo. "Cuanto a la ley, un fariseo" (Fil. 3:5); antes era perseguidor como estos hombres, pero eso no lo es ya. Pero este concilio está resuelto a lograr la muerte de Pablo y los puso los unos contra los otros para salvar su propia vida. Su estrategia de guerra tuvo tanto éxito que fácilmente podrían haberle muerto pisoteándole para llegar los unos a los otros. Una vez más el tribuno tuvo qué salvar a Pablo por medio de sus soldados de la furia de los judíos, esta vez del mismo Sanedrín. El tribuno se vió más perplejo que nunca.

5. El Mensaje del Señor a Pablo (Hech. 23:11).

Si alguna vez Pablo necesitaba de una palabra animadora del Señor Jesús, era ahora cuando parecía que no había camino abierto delante de él. Una vez antes en Jerusalem en un éxtasis en el templo, Pablo había tenido una visión de Jesús quien le mandó que se fuese para Tarso porque los judíos estaban resueltos a matarle. Eso sucedió como veinte años antes y Pablo ha tenido muchas señales del favor de Cristo durante estos años. En una crisis en Corinto el Señor Jesús le había aparecido también. Ahora la noche después de esta experiencia ante el Sanedrín, Jesús le dijo que fuese de buen ánimo que era menester que testificara por él en Roma también. De modo que se escaparía de Jerusalem y llegaría a Roma después de todo, aunque el cuándo y el cómo no le fué revelado.

6. Rescate de los Conspiradores (Hech. 23:12-33).

La astucia de Pablo con el Sanedrín enojó sobremanera a algunos de los judíos y determinaron matar a Pablo de una manera u otra. Parece que algunos miembros del concilio fueron participantes en la conspiración y podrían haber tenido éxito a no haber sido por la agudeza del hijo de la hermana de Pablo, quien, con la sagacidad de un muchacho llegó a saberlo y lo dijo a Pablo. Por la habilidad del joven, de Pablo, del centurión y del tribuno los conspiradores fueron excedidos en astucia, pero necesitaron doscientos soldados y setenta de a caballo bajo la obscuridad de la noche para hacerlo. Tan implacable era el odio contra Pablo. Quisiera uno saber si los cuarenta conspiradores guardaron su voto de no comer. La carta de Claudio Licias, el tribuno, a Félix, el procurador en Cesarea presenta el negocio de la mejor manera posible para el tribuno, y aun da a entender que había librado a Pablo del motín por haber oído decir que era romano. No explicó qué eran las acusaciones contra Pablo, sino que eran "cuestiones de la ley de ellos," y dijo que vendrían los acusadores judíos. Así Pablo fué presentado ante Félix.

7. Pablo ante Félix, (Hech. 23:34-24:27).

Pablo había comparecido ante magistrados romanos antes en Filipos, Tesalónica, y Corinto; pero Félix no era Galio (el "dulce Galio," como fué llamado). Félix se parecía más a Pilato por sus embustes, irresolución, corrupción, amor al dinero, y temor a los judíos. Sin embargo empezó muy bien. Los acusadores resultaron ser, no los judíos de Asia, que principiaron el alboroto, sino el sumo sacerdote Ananías con ciertos ancianos (una comisión del Sanedrín) con Tértulo, un abogado romano alquilado. De modo que ahora Pablo tiene qué comparecer ante un verdadero tribunal, con toda la maquinaria de la ley funcionando contra él. La primera acusación de Tértulo era vaga, pero hizo dos acusaciones específicas: una que Pablo era miembro de la secta de los nazarenos, y la otra que había profanado el templo de los judíos. Pablo tuvo que hacer su propia defensa, y lo hizo con suma habilidad. Negó la acusación acerca del templo y fácilmente la repitió y retó a la comisión del Sanedrín a que dijera el crimen del cual le había hallado culpable (no del escarnio). Pero Pablo confesó que era cristiano, y afirmó que este era el verdadero judaísmo, la esperanza de los padres (comp. Rom. 9-11). La relación del cristianismo a la ley romana había sido establecida por Galio por el tiempo como una forma del judaísmo y por esto legal. Félix puede haber sabido esta decisión. De todos modos aplazó su decisión, no por no entender la cosa claramente, sino porque no quería ofender a los príncipes de los judíos. Pablo había ganado su caso, sólo le faltaba el fallo. El sermón de Pablo delante de Félix y Drusila, bajo estas circunstancias fué caracterizado con extremado valor y denuedo, porque Félix aun tenía el caso de Pablo bajo su consideración. Pero Félix, fué por el momento amedrentado por el poder del discurso de Pablo, y en seguida volvió a caer en su avaricia por haber Pablo hablado de llevar dinero a Jerusalem. Por esto Pablo pasó dos años en Cesarea como prisionero, dos años de grande oportunidad. Lucas estaba con Pablo, y sin duda empleó este tiempo en escribir su Evangelio mientras estuvo cerca de las fuentes de información. Cuando Félix fué al fin llamado a Roma, dejó a Pablo prisionero por el temor de que los judíos le acusasen en Roma.

8. Pablo delante de Festo (Hech. 25-26).

Desafortunadamente no sabemos con precisión el año en que se verificó este cambio de procuradores. Los cálculos varían desde 56 hasta 60 A. D. La fecha más probable parece ser 59 A. D. Pero sea cual fuese la fecha que le demos, tenemos que computar las otras fechas con relación a ella. Festo vino con mejor reputación que Félix y ostentó su justicia para con Pablo rehusando llevarle a Jerusalem para ser sentenciado por el Sanedrín. Pero, cuando los judíos presentaron sus acusaciones delante de él en Cesarea, no se tardó en mostrar la misma debilidad y deseo de agradarlos que habían movido a Félix, y hasta preguntó a Pablo si quería volver a Jerusalem para ser juzgado ante Festo, en la ciudad de los mismos hombres que habían proferido las acusaciones contra él. Este cambio habría sido extraordinariamente perjudicial a la causa de Pablo. Si Festo no tuvo valor en Cesarea ¿cuánto tendría en Jerusalem? No había sino una sola cosa para Pablo después de estos años de dilación, y en vista de esta prueba del carácter de Festo, el nuevo procurador. Aquella esperanza estribaba en el ejercicio de los derechos de Pablo como ciudadano romano, apelando a César. Festo tuvo que conceder esta apelación cuando se hizo. El denuedo de Pablo puso a Festo en una situación desventajosa, porque ni aun tenía una acusación específica que presentar a César, y enviar a. un prisionero sin acusación desacreditaba a Festo como gobernador de provincia. Por esto se valió de la presencia de Herodes Agripa II y su hermana Bernice para divertirlos y también para usar su conocimiento de las costumbres judaicas para ver qué acusación podría enviarse a César. Festo hasta dió a entender que si Pablo no hubiera hecho apelación a César, él mismo le habría puesto en libertad, puesto que no halló culpabilidad en él (la misma conducta de Pilato). Pablo parecía entender perfectamente sus circunstancias cuando se dirigió a la pomposa asamblea que presidía Agripa. Sabía que su propia causa no podría cambiarse en nada. Al hablar fué movido de la esperanza de ganarse la buena voluntad de Agripa, que tenía influencia en Roma, pero especialmente con la esperanza de convertir a Agripa a Cristo. Este discurso es sustancialmente el mismo que dirigió al motín desde las gradas del castillo. Allí justificaba su conducta en hacerse cristiano y apóstol a los gentiles, pero aquí Pablo usó su propia historia como una manera hábil de mostrar a Agripa cómo Jesús crucificado y resucitado era el Mesías de los judíos, profetizado en el Antiguo Testamento. Festo no vió la intención de la poderosa apelación de Pablo, pero la vió Agripa, y rehusó dejarse coger en esta vuelta. Agripa era demasiado político y a la vez pecador (viviendo en pecado con Bernice) para hacerse cristiano. Así fué que se deshizo del discurso de Pablo con un cumplimiento y la expresión de su inocencia. Festo no habría aprendido nada. No sabemos qué acusaciones enviaron.

9. El Viaje y Naufragio (Hech. 27).

Sin duda Pablo se regocijó de marcharse de Cesarea, porque ya no quería más "justicia" provincial romana. Lucas y Aristarco fueron con él como amigos o posiblemente como siervos nominales de Pablo. El navío no

iba a Roma, pero podría hallarse uno en la costa de
Asia Menor al cual los prisioneros podrían ser transfe-
ridos.   Este navío se dirigió a Adramytium, cerca de
Troas.   Era nave de carga y llevaba una compañía de
soldados de nuevo a Italia (la cohorte augustina), además
de muchos prisioneros.   Julio, el centurión del cuerpo
augustiano era hombre bondadoso, como lo eran a menudo los oficiales romanos, y fué afable con Pablo. Pronto
el viento los molestó y la nave se fué de sotavento (a la
derecha) de Chipre, y siguió a lo largo de la costa de
Panfilia hasta que llegaron a Mira en Licia.   Aquí el
centurión halló una nave de Alejandría que iba a Roma
que probablemente había venido hasta aquí, dejando su
curso, a causa del fuerte viento noroeste que hizo necesario un curso serpentino.   Una mirada al mapa mos-
trará que la nave en Gnido tenía que hacer frente al
viento y tuvo que ir o hacia el norte o hacia el sur.   La
isla de Creta ofreció un refugio hasta que el viento se
cambiara para soplar en dirección de Roma.   Con grande dificultad llegaron a Buenos Puertos, pero evidentemente el viento sopló mucho tiempo hasta que llegó la
estación en que era peligroso hacer el viaje a Roma.
Había pasado ya el ayuno (el Día de Expiación, como
octubre 1), y los marineros, sin carta náutica ni brúju-
la, como estaban, temían darse a la vela por el Mediterráneo.   Había llegado el tiempo de las tempestades.
El piloto y el patrón de la nave hicieron sus planes para
ir a Fenice, más para el occidente en Creta, donde había mejor puerto y abrigo de las tempestades del invierno, pero el centurión no hizo caso de su consejo. Un
cambio repentino del viento desde el sur dió la oportunidad y se rieron de la profecía de Pablo del desastre.
Pero se ríe mejor el que ría al último.   El viento
volvió a cambiarse muy de repente para venir entre
norte y oriente.   "Dió contra la nave" desde Creta y
al momento vino a ser una cuestión de vida o muerte.
Lucas da detallada y precisamente los pasos dados por

los cuales la vida de todos se salvaron y es la más notable historia que existe de un naufragio, y la descripción más imponente de navíos antiguos. Dejada sola la nave habría sido llevada a la Sirte o arenales de la Africa Septentrional. Eso les acarrearía una muerte segura. El plan que siguieron era el de seguir el viento hasta donde fuera posible (dentro de siete puntos), ceñir la nave por debajo, abajar las velas, traer a bordo el pequeño esquife (salva vidas) y en seguida dejarse llevar del viento. Esto se hizo presto a sotavento de una pequeña isla llamada Clauda. Pronto el navío tuvo que ser alijado de una parte de su cargamento. Tanto los días como las noches estaban obscuros, y la desesperación se apoderó de todos menos de Pablo, quien volvió a hablar.

Esta vez habló de un ángel de Dios quien le había prometido las vidas de todos, aunque la nave se perdería. El día décimocuarto les reveló que estaban cerca de tierra. Pablo volvió a salvarlos del embuste de los marineros y realmente hizo el papel de capitán del navío, mientras éste estaba detenido, anclado y esperando su suerte. Al fin los prisioneros todos debían sus vidas a Pablo. La historia es admirable desde todo punto de vista.

10. Melita (Hech. 28:1-10).

La tierra resultó ser la isla de Melita (Malta) en la parte sur del Mar de Adria, nombre que se aplicaba a una extensión de agua más grande que ahora. Muy apenas se salvaron todos, y Pablo afirmó claramente que Dios les había perdonado la vida por sus oraciones. Así fué que Pablo había de pasar el invierno en esta isla con los bárbaros, los cuales estaban prontos para escucharle porque no había caído muerto cuando le mordió la víbora. En la actualidad no hay víboras en la isla. Evidentemente Lucas practicó como médico entre el pueblo además de los milagros hechos por Pablo. El resultado fué una obra de gracia que bendijo la isla.

11. Yendo a Roma al Fin (Hech. 28:11-15).

Evidentemente muchos navíos habían sido detenidos por la misma tempestad, uno de los cuales había invernado en Melita. Este también era navío de carga que iba a Roma desde Alejandría, llevando trigo. Egipto suplía a Roma de trigo. Luego que el tiempo de la primavera lo permitía (probablemente 60 A. D) este navío, el Cástor y Pólux (gemelos), estaba listo para navegar, y Julio llevó a sus prisioneros a bordo. Desembarcaron en Puteolos después de pasar por Siracusa en Sicilia y Regio. Parece que Pablo pudo dar noticias en Roma del arribo de la nave, porque antes de llegar a la ciudad vinieron a encontrarle y saludarle en Appio y Tres Tabernas algunos de los hermanos. La admirable vía Appia que conducía a Roma se usa todavía y es aun posible andar sobre algunas de las mismas piedras sobre las que Pablo pisó cuando entró en Roma. De modo que al fin Pablo ha logrado una de las ambiciones de su vida. Había venido a Roma. Vino como prisionero por Cristo, pero Pablo sabía que tenía lo que le haría superior a Nerón, el emperador. Las ruinas de la Roma imperial que todavía son visibles muestran algo del esplendor de esta Babilonia del occidente. Pablo no fué insensible a lo que estaba en su derredor. Lo que le espera en Roma no lo sabe.

12. Dos Años en Roma (Hech. 28:16-31).

Pablo fué entregado al prefecto de la guardia (posiblemente a Burro), y le fué concedido el privilegio de morar en su propia casa alquilada, pero estaba siempre encadenado a un soldado. Procuró conquistar la amistad de los judíos en Roma y conducirlos a Cristo. Pero todo un día de discursos tuvo pocos resultados. El cristianismo estaba viniendo a ser ahora prohibido entre los judíos. Pero ningunas acusaciones habían sido recibidas hasta ahora contra Pablo mismo. No sabemos si éstas vinieron alguna vez o si vinieron acusadores. Los judíos tenían acceso a Nerón por Popea, pero Nerón no estaba en disposición de molestarse con el caso de un judío de una de las provincias. Así pasan los años, estando Pablo libre para ver a sus amigos y trabajar por Cristo en el campamento. Es probable que Lucas escribiera los Hechos durante estos años. Amigos vienen y se van, pero el juicio de Pablo no se hace.

13. Filipenses.

La significación natural de la casa de César (Fil. 4: 22) es que Pablo está en Roma. El uso de Guardia Pretoriana (Fil. 1:13, Ver. Mod.) implica la misma cosa, aunque la expresión no tiene que significar local (campamento). Algunos eruditos arguyen que Efeso fué el lugar donde Pablo escribió esta bella carta, pero es mucho más probable que fuese Roma. No se puede afirmar con seguridad si Filipenses se escribió antes o después que Filemón, Colosenses y Efesios, aunque es probable que se escribiera antes. Tanto en Filemón y Filipenses, Pablo está esperando ser puesto en libertad. Es verosímil que estas Epístolas fuesen escritas hacia el fin de su encarcelamiento en Roma. Parece que Lucas estuviese ausente, aunque Timoteo estaba presente, cuando Pablo escribió Filipenses (2:19). Epafrodito había venido de Filipos con dádivas de la iglesia para Pablo (Fil. 4:10-19), y se había enfermado en Roma, para la grande inquietud de los Filipenses (Fil. 2:26-30), y estaba ahora para regresar a Filipos (Fil.2:25), y llevaría la carta. Aunque es un prisionero, Pablo está lleno de gozo e insta a los filipenses a que se regocijen en Cristo. Efectivamente el gozo en Cristo es la nota tónica de la Epístola. Dos de los más grandes pasajes en la interpretación dada por Pablo de Cristo ocurren en esta corta epístola (Fil. 2:5-11; 3:8-14). Cristo es la pasión de Pablo, es su misma vida (Fil. 1:21), y ha aprendido el secreto de felicidad y paz (Fil. 4).

14. Filemón.

Filemón, Colosenses y Efesios fueron enviados al mismo tiempo por Onésimo (Fil. 10:13; Col. 4:9) y Tíquico (Col. 4:7; Efe. 6:21). Pablo es prisionero (Efe. 3:1), pero tiene esperanzas de ser libertado (File. 22). Algunos arguyen que Efeso era el lugar donde fueron escritas, pero el peso de la evidencia queda con Roma. Filemón es un recado personal enviado con Onésimo, esclavo convertido, que está volviendo a su amo, Filemón de Colosas, de quien había huído. Enviándolo de nuevo Pablo suplica que sea tratado como hermano en Cristo, y sus palabras de amor han ayudado a poner fin a la esclavitud.

15. Colosenses.

Colosas era una ciudad floreciente en el valle del Lico en la provincia de Asia y fué evangelizada indirectamente como resultado de la obra de Pablo en Efeso, aunque parece que Pablo mismo no haya ido allí (Col. 1:3-8; 2:1). Epafras ha venido de Colosas a Roma (Col. 1:7; 4:12) con noticias de una nueva herejía que ha venido para molestar las iglesias. Pablo tuvo premoniciones de estos lobos que no perdonarían a las ovejas cuando estuvo en Mileto la última vez (Hech. 20:29). Gnósticos, con una mezcla de filosofía griega y pérsica y el Esenismo con un poco de las religiones misteriosas con su ritual de dioses-redentores habían venido a tener contacto con el cristianismo, absorbiendo algo de él también. Estos gnósticos (los entendidos) tenían una teoría de que la materia era toda mala y que Dios como un Espíritu puro y bueno no podría haberla criado. Por tanto, enseñaron que había una serie de dones o emanaciones entre Dios y la materia. A Jesús le trataron como uno de estos dones subordinados y así vino a ser muy reñida la disputa sobre la persona de Cristo. En su réplica Pablo afirmó vigorosamente que Cristo era el principal en el universo así como la deidad de Jesucristo. Por lo tanto Cristo es Cabeza del universo (físico y espiritual). Algunos de los gnósticos (los Cerintianos) dijeron que Cristo era un don que bajó sobre el hombre Jesús en su bautismo y le dejó antes de su muerte. Pablo insistió en la identidad de Jesucristo. Otros de los gnósticos, (los docetistas) sostuvieron que Jesús no era verdadero hombre, sino que era todo don, no teniendo verdadera humanidad. Pablo replicó que toda la Trinidad moraba corporalmente en Cristo, y que somos salvos por la sangre de Cristo. Jesús es tanto Dios como hombre. Algunos de los gnósticos eran ascéticos y otros eran licenciosos en su vida. Por esto Pablo urgía la verdadera piedad en alma y cuerpo.

16. Efesios.

Es claro que esta Epístola fué una carta general escrita a varias iglesias y no fué dirigida en primer lugar a la iglesia en Efeso. Los dos manuscritos más antiguos no tienen nombre para la Epístola. En Col. 4:15, Pablo envió salutaciones a la iglesia en Laodicea y recomendó un cambio de cartas. Marción llamó nuestro "Efesios" esta carta a los laodicenses, y esto es probablemente la verdad. Aunque Pablo pasó tres años en Efeso, no ocurren detalles personales, con excepción de la mención de Tíquico, aunque Col. 4:7-17 tiene muchos (Aristarco, Marcos, Lucas, etc.). Pero una copia fué conservada en Efeso. En esta Epístola se tratan en lo general los mismos asuntos que aparecen en Colosenses, con excepción de que en Efesios se da el énfasis en el cuerpo de Cristo (la Cabeza de la iglesia). Los primeros tres capítulos son ricos en la doctrina de gracia y tan profundos como cualquiera otra cosa que tenemos de Pablo. Los otros capítulos están llenos de deberes éticos y el matrimonio es glorificado como siendo semejante a la unión de Cristo y su iglesia (su cuerpo). La Epístola finaliza con un cuadro de la armadura romana (vista cada día por Pablo en los soldados) como símbolo de varias virtudes cristianas.

Tópicos para la Revista.

1. Santiago y los ancianos.
2. Odio de los judíos para con Pablo.

3. Pablo y el Sanedrín.
4. Las visiones de Pablo de Jesús.
5. La Conspiración.
6. Félix y su proceder con Pablo.
7. Festo y Pablo.
8. Herodes Agripa II.
9. Los discursos de Pablo en los Hechos.
10. La apelación a César.
11. El viaje y el naufragio.
12. Melita.
13. La vida de Pablo en Roma.
14. Filipenses.
15. Filemón.
16. El gnosticismo.
17. Colosenses.
18. Efesios
19. Laodicea.

CAPITULO XIII.

ULTIMOS AÑOS DE PABLO.

1. La Obscuridad.

El libro de los Hechos fué terminado con Pablo aún prisionero, probablemente porque el libro se completó en esto. Por esto, sólo podemos conjeturar el curso de los eventos desde este punto exceptuando los pocos detalles en las Epístolas Pastorales y en los escritos cristianos primitivos. Algunos críticos desechan las Epístolas Pastorales en su totalidad, y algunos desechan sólo parte de ellas. Unos pocos de los que las aceptan las colocan antes de esta visita de Pablo a Roma. La fecha de la muerte de Pablo es otro problema. Existen motivos para pensar que Pablo fué muerto con Pedro como el año 64 A. D. en conexión con la persecución por Nerón después del incendio de Roma. En ese caso Pablo no fué librado del largo encarcelamiento sino por la muerte. Pero después de todo, la preponderancia de la evidencia favorece la genuinidad de las Epístolas Pastorales y la opinión que Pablo fué puesto en libertad. Seguimos, pues, el orden probable de los acontecimientos de estos años finales, sin ser demasiado dogmáticos sobre la materia.

2. El Juicio.

En efecto, no es claro que el caso de Pablo fuese alguna vez juzgado. Los judíos de Asia que levantaron el disturbio desaparecieron. El Sanedrín se interesó en el caso, y por dos años hizo lo posible porque fuese condenado por Félix o Festo o Agripa, pero nunca pudieron lograr que fuese considerado culpable ante la ley romana, de modo que Festo no supo qué acusación enviar cuando Pablo apeló a Roma, y aun Herodes Agripa, el judío, no pudo encontrar en él cosa mala. No sabemos qué acusación Festo envió a Roma contra Pablo, o si su carta llegó alguna vez a causa del naufragio. Puede ser que el Sanedrín no haya urgido el asunto en Roma. Nerón, como Tiberio su antecesor, era proverbialmente dilatorio con las causas provinciales. Aun así es dudoso si Nerón mismo oyó a Pablo esta vez. Después de años de esperar en vano para que vinieran los acusadores de Pablo, es probable que el caso fuese sencillamente anulado y puesto Pablo en libertad.

3. Otra vez en Asia.

El plan de Pablo cuando estuvo en Corinto había sido ir de Roma a España, pero ya habían pasado como cinco o seis años y entre tanto nuevos problemas se habían presentado en el oriente que llamaron a Pablo en esa dirección. Cuando escribió a Filemón y a los Filipenses (1:26), esperaba ir a verlos pronto. Es probable, pues, que Pablo volviera a sus campos de otros días para ver cuál había sido el efecto de sus cartas recientes acerca del gnosticismo. Si hizo lo que esperaba hacer, fué a Colosas y a Filipos y a otros varios lugares en el oriente.

4. España.

Clemente de Roma narra que Pablo sí fué al límite del occidente. Sólo podemos decir, pues, que Pablo puede haber ido a España después de la visita al oriente. Hay una leyenda que afirma que Pablo llegó aun a Bretaña, pero no existe evidencia de semejante visita. Es posible que Pablo estuviese en España cuando Nerón quemó a Roma, el año 64 A. D.

5. El Incendio de Roma.

Esta terrible catástrofe cambió todo el horizonte para los cristianos en Roma e hizo mucho en ese sentido en el imperio. Nerón locamente incendió la ciudad para verla quemarse y tener una nueva sensación. Se cuenta que tocó el violín sobre el techo de una casa mientras se quemaba. Pero la furia del pueblo, sin embargo, hizo que Nerón cargarse la culpa sobre los cristianos, los cuales ya eran distinguidos de los judíos y considerados criminales. Ser cristiano ya era un crimen, y los cristianos ya no podían esperar justicia de la ley romana y eran víctimas de la furia popular. Horrores indecibles se cometieron contra ellos en Roma. Los cristianos eran quemados vivos y echados a leones y tigres en el anfiteatro para divertir al populacho. Ningún cristiano estaba ya seguro en Roma.

6. Creta.

Sólo sabemos que en su camino para el oriente Pablo dejó a Tito en Creta (Tito 1:5), posiblemente 65 A. D. No sabemos nada acerca del tiempo de su permanencia allí, pero la Epístola a Tito muestra que Pablo ganó amplios conocimientos de las condiciones allí y ansiaba que Tito corrigiera los males hasta donde le fuese posible escogiendo a pastores competentes para las iglesias ya organizadas. Pablo esperaba enviar a Artemas o Tíquico para que Tito pudiera seguir hasta Nicópolis (Tito 3:12), donde Pablo estaba entonces. Zenas y Apolos estuvieron también en Creta.

7. En Asia la Ultima Vez.

Hay indicaciones en 1 a Timoteo, escrita de Macedonia; y 2 Timoteo, escrita de Roma, de que Pablo visitó varios puntos durante este viaje. Quizás Efeso sea uno de ellos (1 Tim. 1:3), a pesar del temor de Pablo de que los hubiera visto la última vez (Hech. 20:25, 38). Había dejado a Timoteo encargado de la obra en Efeso. Había enviado a Tíquico a Efeso (2 Tim. 4:12), donde también Prisca y Aquila estaban en la casa de Onesíforo (2 Tim. 4:19). Más tarde se dice que el apóstol Juan trabajó aquí también. Pablo dejó a Trófimo enfermo en Mileto (2 Tim. 4:20), y Erasto en Corinto. Había estado también en Troas con Carpo (2 Tim. 4:13). Estas indicaciones de las últimas actividades de Pablo son animadoras e interesantes. El tiempo era probablemente 66 o 67 A. D.

8. De Nuevo en Macedonia.

Pablo estaba en camino para Macedonia cuando dejó a Timoteo en Efeso (1 Tim. 1:3). Esperaba seguir hasta Nicópolis, en la costa occidental de Acaya, para invernar allí (Tito 3:12). Esto es todo lo que se nos dice. Tal vez esto sucedía en el otoño del año 67 A. D., pero estaba todavía en Macedonia cuando escribió la primera carta a Timoteo. La fecha era 66 o 67 A. D.

9. Primera Epístola a Timoteo.

Esta carta no nos dice nada de las circunstancias de Pablo sino que estaba en Macedonia (quizás en Filipos o Tesalónica). No se da la ocasión de la carta, aunque el designio se implica en 1:3. Desea reforzar las exhortaciones privadas dadas a Timoteo cuando le instó a que se quedara en Efeso a causa de la extensión de la enseñanza herética allí. Pablo había previsto la venida de estos hombres hacía mucho (Hech. 20:29). El oriente estaba lleno de toda índole de maestros con toda clase de teorías teológicas. Vinieron de Egipto con el culto de Isis y Osiris, los "dioses redentores" que, según se pensaba, habían muerto y vuelto a vivir. Los adherentes de Mithra empezaban a presentar sus pretensiones a ser un "dios-salvador" con su culto misterioso del taurobolium (el baño de sangre del toro) y otras iniciaciones secretas. Los esenios, parsis y estoicos, habían contribuído algo a los gnósticos, los cuales habían tomado un poquito también del cristianismo. Estos gnósticos ya habían dado mucha molestia en Colosas y Laodicea y toda Asia. Tienen todavía discípulos en Efeso, y Pablo está muy inquietado acerca del futuro del reino de Dios. Pablo había contendido con los judaizantes por todos los

años fuertes de su vida ganando libertad en Cristo **para todos** los hombres. Ahora en su vejez tiene todavía **que batallar** contra la extraña mezcla de filosofía, esenismo, **paganismo**, y cristianismo bajo el aspecto de gnosticismo. **Su** esperanza está en los jóvenes ministros que han **de llevar** adelante la obra después de él. Uno de los **más amados** de éstos es Timoteo. No todos han sido fieles **en los** tiempos difíciles que han venido. Algunos han **naufragado** en la fe como Himeneo y Alejandro. Pablo **ansía** que Timoteo cumpla las profecías (promesas) de **su** juventud y progrese y cumpla su ministerio. Esta Epístola es, pues, en su mayor parte personal, en que se **dan instrucciones** cuidadosas a Timoteo acerca de sí mismo, **pero** Pablo también discute varios problemas eclesiásticos como los dotes necesarios para los obispos y **diáconos,** y los problemas sociales de la iglesia, como las **relaciones** entre personas de distinto sexo, edad y condición **financiera**. La carta no es estrictamente doctrinal, pero **las** principales doctrinas paulinas campean en ella. Se **ve** la verdadera solicitud de un predicador anciano por **su** colega e hijo más joven en el evangelio.

10. La Epístola a Tito.

No se puede asegurar si Pablo estaba aún en Macedonia, o había ido a Nicópolis, donde pensaba pasar el invierno (Tito 3:12). Más bien se implica que no había ido todavía a Nicópolis cuando escribe a Tito, puesto que dice "allí" en lugar de "aquí." De modo que tenemos de nuevo qué conjeturar dónde estaba Pablo y precisamente cuándo escribió. El hecho de que hablaba del próximo invierno tal vez arguyó a favor de la primera parte del otoño (o la última parte del verano) del 67 A. D.; de todos modos una fecha un poco más tarde que 1 Timoteo. Pablo había estado en Asia después de estar en Creta. La situación en Creta es muy semejante a la de Asia. Tito era el Evangelista allí, así como Timoteo lo era en Efeso. En Creta también todo dependía de una selección juiciosa de obispos que fueran capaces y leales al evangelio de Cristo. Los cretenses también habían sido expuestos al gnosticismo, que tenía un colorido de fariseísmo (Tito 1:10) más bien que de esenismo. Se jactaban ruidosamente como en Efeso, mas su vida era una hipocresía vacía. Pablo juzga con dureza el carácter cretense. También habían ganado una reputación como mentirosos porque decían que Zeus había muerto y estaba sepultado en Creta. Como resultado uno de sus propios poetas, Epímenides, los había llamado embusteros y glotones. Pero era posible ser leal a Cristo aun en semejantes circunstancias. Pablo insta el uso de un proceder sabio acerca de los problemas sociales y una presentación firme del evangelio de gracia, una manera piadosa de vivir y una disciplina estricta. La Epístola está llena de puntos vivos y enérgicos.

11. El Arresto de Pablo.

Es probable que Pablo fuese arrestado en Nicópolis, puesto que apenas habría cruzado a Italia bajo las condiciones distintas allí desde que Nerón había estado persiguiendo a los cristianos. Abundaban delatores que tendrían bastante voluntad en aprisionar a Pablo sobre acusaciones falsas como cristiano bien conocido. Esta vez Pablo no era víctima de celos judaizantes ni de odio judío, sino más bien de indignación gentil contra él, como quien enseñaba contra el culto de los antiguos dioses y estaba bajo la interdicción imperial. Religiosamente Pablo estaba ahora fuera de la ley. No era difícil acusarlo de complicidad en el incendio de Roma, y así llevarle a Roma.

12. En el Calabozo Mamertino.

No estaba permitido a Pablo estar en su propia casa alquilada. Estaba estrictamente encerrado como quien es acusado de un crimen capital, y parece que pasó el invierno frío y solitario. Echó de menos el capote que había dejado con Carpo en Troas (2 Tim. 4:13), y temía pasar otro invierno sin él en el obscuro calabozo (2 Tim. 4:2.) Esto nos recuerda a Juan el Bautista en la cárcel de Machaerus. Se les permitía a los amigos de Pablo verle, pero pocos osaron valerse de este privilegio por el peligro de manifestar así ser cristianos, lo cual era ahora un crimen en los ojos de Nerón. Algunos se avergonzaban de la cadena de Pablo además de temer venir a verle. La casa de Onesíforo buscó a Pablo y le encontró en Roma (2 Tim. 1:16), así como en Efeso, pero la mayoría tenía otras cosas en qué ocuparse. Algunos hasta abandonaron a Pablo, como Demas, que fué a Tesalónica, y aun Tito había ido a Dalmacia, no se puede decir si contra la voluntad de Pablo o no. De todos modos sólo Lucas estaba de continuo con Pablo (4:11), aunque había otros amigos todavía en Roma, como Eubulo, Pudente, Lino, Claudia (4:21). Pero Pablo no temía, aunque sí anhelaba ver a Timoteo una vez más antes del fin, y también a Marcos, que ha mostrado ser útil, habiendo corregido su primera falta en su obra (4:11). El anciano apóstol anhela tener sus libros, y especialmente los pergaminos (2 Tim. 4:13). Uno de los consuelos de la vejez son los grandes libros que aman. Viene la hora cuando no desea uno sino el Libro.

13. El Primer Juicio (2 Tim. 4:16).

Pablo ya había aparecido una vez ante el tribunal antes de escribir a Timoteo y había evitado la condenación sobre esa acusación, sea cual fuese. Había sido librado de la boca del león, aunque—triste es decirlo—¡muchos de los discípulos no habían sido así librados! Pero Pablo no se animaba con esperanzas falsas tocante al resultado. No había tenido nada que ver con el incendio de Roma, tampoco fué culpable de ningunas de las acusaciones hechas contra él. Pero era cristiano, y eso es lo que importaba. No negaría este hecho, ni renunciaría a Jesús. No compraría la vida en la tierra diciendo "Señor César," en lugar de "Señor Jesús." Por esto miró confiadamente hacia el resultado inevitable, y estaba listo para él. Había acabado su carrera, peleando su batalla, guardado la fe. Estaba listo para el sacrificio y la corona.

14. Segunda Epístola a Timoteo.

Este era el estado de ánimo de Pablo cuando escribió a Timoteo que estaba aún en Efeso. Es probable que escribiera en la primavera del año 68 A. D. Nerón se mató en la primera parte de junio de ese año, y es casi seguro que Pablo fué muerto antes de esa fecha. Es de esperarse que Timoteo llegara a Roma antes de la muerte de Pablo. La alusión a que Timoteo estaba suelto (Hebr. 13:23) indica que Timoteo vino y fué arrestado por haber mostrado simpatía para con Pablo. Esta última Epístola del gran apóstol es rica con la madura sabiduría y el sereno triunfo del espíritu de Pablo sobre toda oposición. Desea que Timoteo sea un buen soldado, fiel como lo era Cristo y como lo ha sido Pablo. Ofrece a Timoteo el heroico llamamiento de sufrir trabajos con él y tener el gozo de servicio. Pablo aconseja a Timoteo a ser fiel, guardando el depósito que Dios le ha encomendado. Cristo es poderoso para guardar el depósito que Pablo ha encomendado en sus manos. Se insta a Timoteo a que eduque a hombres fieles idóneos para enseñar a otros también (2 Timoteo 2:2). Pablo vió que el problema del evangelio era en gran parte el de enseñar a los enseñadores. Si los que enseñan realmente entienden a Jesús y su misión y son capaces (idóneos para enseñar) de enseñar, se puede esperarlo todo. Pero aun ahora, después de diecinueve siglos, el cristianismo está todavía luchando con la tarea de preparar debidamente a hombres y mujeres para enseñar las cosas de Cristo. En particular, Timoteo debe cuidar de que él mismo sea debidamente preparado para exponer la Palabra de verdad (2:15) y preparado para toda obra buena (2:21). Pablo sabe que habrá gente con deseos de oir cuentos nuevos y necios (4:3), pero el remedio es predicar la Palabra (4:2), y vivirla. Jesús permanece fiel, pues no se puede negar a sí mismo (2:13).

15. La Muerte de Pablo.

Ningún hombre ha escrito la historia de la muerte de Pablo. Como ciudadano romano sería decapitado, y la tradición señala el camino para Ostia como el lugar de la ejecución, fuera de la ciudad de Roma. Esperamos que Lucas haya ido con Pablo y vió el fin. Timoteo iría también si estaba en Roma y no prisionero. Pero hubo pocos otros que osarían ir con Pablo a su ajusticiamiento. Pero ¿qué importaba a Pablo ahora? Jesús estuvo con él en su juicio (2 Tim. 4:17), cuando todos los demás le desampararon, cuando, según parece, ni aun Lucas estaba presente (2 Tim. 4:16). Jesús nunca había abandonado a Pablo desde ese día cuando le detuvo en el camino para Damasco con el reto, "Saulo, Saulo, ¿por qué me persigues?" (Hech. 9:4). Jesús puso su mano sobre Pablo y echó mano de toda su vida ese día, desde cuando toda su ambición y pasión había sido echar mano al premio que le había sido propuesto por Cristo (Fil. 3: 13). Ahora el blanco no se aleja, sino que "Jesús me salvará hasta su reino celestial" (2 Tim. 4:18, Ver. Mod., nota). Esta es la fe que tenía Pablo en Jesús, y no fué decepcionado. Así sucedió que Nerón se vengó de Pablo, pero pronto lo pagó con su propia vida. Hoy día Nerón es recordado principalmente por sus salvajes crueldades y como lo opuesto de Pablo, cuya vida tocó por contraste, sospechando poco que el pobre prisionero cristiano era la fuerza principal en la vida del mundo en ese tiempo y por todos los siglos formaría las vidas de los hombres para Cristo. Confieso que no soy capaz de comprender la actitud mental de los que miran a Pablo como el pervertidor de la misión de Jesús. Antes bien es el mejor intérprete de la mente y misión de Cristo por todos los siglos, el más intelectual, el más vi-

ril, el más alerta y comprensivo, el filósofo más sesu-
do, el estadista más sano, el más hábil para ganar almas
de todos los que siguieron las pisadas de Jesucristo nuestro Señor y Salvador.

Tópicos para la Revista

1. Nuestros conocimientos de este período.
2. El resultado de este encarcelamiento.
3. Los viajes de Pablo después de ser puesto en libertad.
4. El incendio de Roma.
5. Creta.
6. Tíquico.
7. Primera Epístola a Timoteo.
8. Vida de Timoteo.
9. Vida de Tito.
10. Epístola a Tito.
11. El último encarcelamiento de Pablo.
12. El último juicio.
13. Nerón.
14. Segunda Epístola a Timoteo.
15. La muerte de Pablo.
16. Pablo como intérprete de Cristo.

CAPITULO XIV.

LA ENSEÑANZA DE PEDRO Y JUDAS.

1. Las Epístolas Generales o Universales.

Este término se ha aplicado a las dos Epístolas de Pedro, la de Judas, la de Santiago, y a las tres de Juan bajo la suposición que no son dirigidas a individuos o a iglesias individuales, sino a grupos de iglesias o a cristianos en general. Esto no es cierto de la segunda y tercera de Juan, que son dirigidas claramente a individuos (o a una sola iglesia en el caso de 2 Juan). Las Epístolas de Pedro y Judas van dirigidas a los escogidos que son extranjeros de la Dispersión (1- Ped. 1:1, Ver. Mod.) en las distintas provincias de Asia Menor. La Primera de Juan no tiene indicación de destino, pero parece dirigirse a la misma clase de lectores. La Epístola de Santiago, como ya se ha mostrado (capítulo 8:13), fué escrita probablemente mucho antes que las otras Epístolas Católicas (cerca de 48 A. D). Se dirigió a los cristianos judíos de la Dispersión Oriental, mientras las otras Epístolas Católicas fueron enviadas a cristianos (judíos y gentiles) de la Dispersión Occidental. Santiago es probablemente el primer libro del Nuevo Testamento, y las Epístolas de Juan parecen pertenecer al período después de la destrucción de Jerusalem. Además de esto, la situación que se presenta en la Epístola de Santiago es mucho muy distinta de la que se halla en las otras Epístolas Católicas. Las Epístolas de Pedro y Judas también bosquejan un estado de cosas distinto del que se manifiesta en las Epístolas de Juan.

La agrupación, pues, es mecánica, y de muy poco valor para el estudiante del Nuevo Testamento.

2. El Ministerio Final de Pedro.

Hemos seguido la obra de Simón Pedro hasta que fué reprendido por Pablo en Antioquía a causa de su debilidad en presencia de los judaizantes de Jerusalem (Gál. 2:11-21). Después de ese triste incidente nuestro conocimiento de Pedro es poco. Pablo se refiere a él en 1 Cor. 9:5, en lenguaje que muestra que Pedro era casado, como lo eran también Santiago y Judas, hermanos de Jesús, y llevaba a su esposa con él en sus viajes. En el acuerdo de Jerusalem (Gál. 2:9) el plan era que Pedro tuviera la misión de la circuncisión, y Pablo la obra entre los gentiles. Hablando de la manera moderna, Pablo era el principal misionero foráneo, y Pedro el principal misionero doméstico. Pero las líneas no eran muy distintas. En lo general, sin embargo, hemos de pensar en Pedro como activo entre los judíos de la Dispersión, desde que Santiago se encargara de la obra en Jerusalem. En cuanto a lo demás lo ignoramos casi todo, aunque hay muchos rumores más modernos acerca de los viajes y actividades de Pedro. Se dice que trabajó en Babilonia entre la gran multitud de judíos allí. En efecto Pedro estuvo en Babilonia cuando escribió la Primera Epístola (1 Ped. 5:13), si hemos de entender Babilonia literalmente y no como una alusión mística a Roma como se usa en los escritos apocalípticos, como la Revelación. En ese caso, estuvo en la misma Roma. Hay varias declaraciones por escritores cristianos primitivos acerca del ministerio de Pedro en Roma. Se ha argüido por algunos que Pablo se ausentó de Roma tanto tiempo porque Pedro estaba allí trabajando y no quería edificar sobre la fundación de otro (Rom. 15:20). Pero es cierto que Pedro no estaba en Roma durante el primer encarcelamiento de Pablo allí, ni durante el segundo a menos que fuese después de escrita la Segunda Epístola a Timoteo, si no hemos de creer que Pablo puso cuidado en evitar toda mención de él, lo que no es nada probable. Abundan los argumentos contra la opinión de que Pedro fundó la iglesia en Roma y se quedó allí hasta su muerte. Puede ser que trabajara una temporada en Roma. Después de todo, es más que probable que sí visitara a Roma. Esto es todo lo que podemos decir. Puede ser que fuese también a Corinto puesto que un partido allí pretendía seguirle a él más bien que a Pablo o a Apolos (1 Cor. 1:12), pero el lenguaje no significa necesariamente que esto sea así. Puede ser también que Pedro trabajara en algunas provincias de Asia Menor puesto que la Primera Epístola se dirige a cristianos en aquella región (1 Ped. 1:1). Es cierto que Pablo había trabajado en Asia y Galacia. En todo caso, hay toda indicación que Pedro era activo y celoso hasta el fin. No hay evidencias de que haya pretendido autoridad superior como Papa. En verdad, Pablo era sin duda alguna el espíritu principal en la obra misionera del período apostólico.

3. La Primera Epístola de Pedro.

(a) Su Autor.

Se hace algo de objeción contra la genuinidad de la Epístola con motivo de que se dirige a las regiones donde trabajaba Pablo y se muestra en ella conocimiento de las Epístolas de Pablo. Ni una ni otra de estas objeciones es seria. Hay sobradas razones de creer que esta Epístola es genuina. El portador de ella era Silvano (Silas) compañero de Pablo durante el segundo viaje misionero (Hech. 15:40). Es posible que fuese el amanuense para la Epístola.

(b) Lugar.

Considerándolo todo, es probable que Pedro esté en Roma, llamado Babilonia (mística) a causa de la persecución neroniana que fué tan recia allí y que se sentía aún en las provincias (1 Ped. 4:16). Puede ser que Pedro haya venido a Roma desde el oriente después de comenzada la persecución, para animar a los hermanos allí. Puede ser que trabajara en Roma en una fecha anterior a cuando Pablo no estaba en Roma. No hay duda acerca del valor de Pedro, vista su conducta en Jerusalem narrada en los primeros capítulos de los Hechos, a pesar de su defección temporal de Pablo en Antioquía. Marcos está ahora con Pedro y se afirma que escribió su Evangelio para los romanos (posiblemente mientras estuvo en Roma). Sabemos que Marcos había estado con Pablo en Roma como el año 62 o 63 A. D. (Col. 4:10), y había estado haciendo sus planes para ir a Colosas. Papías dice que Marcos era el intérprete de Pedro así como de su compañero. De todos modos, no hay duda de que Marcos se hizo útil a Pedro, así como obró más tarde con Pablo y que el Evangelio de Marcos ostenta señales de la influencia de Pedro. No es la menor cosa que hizo Pedro, ésta de predicar a Jesús de tal manera que Marcos reprodujo su cuadro con toques de la viveza de Pedro en los detalles y la acción.

(c) Fecha.

La Epístola no hace clara la fecha. Las alusiones a las terribles persecuciones por las que los lectores están pasando (1 Pedro 1:6; 4:12-16) parecen argüir en favor de un período poco después del incendio de Roma cuando el odio contra los cristianos que se manifestaba en Roma empezó a cundir en las provincias. A decir verdad ya estaba allí, como muestra la obra de Pablo. Sólo que ahora ya era claro que Roma no demandaría la estricta justicia acerca de los cristianos y cerraría los ojos a los ultrajes, si en realidad no los instigaba. Compárese esto con Turquía y las frecuentes matanzas en nuestros días. Aquella fecha puede ponerse como por el año 65 A. D.

(d) Destino.

Sabemos que se envió a los cristianos de Ponto, Galacia, Capadocia, Asia y Bitinia (1 Ped. 1:1). El orden de estas provincias desde el oriente hasta el occidente se alega para mostrar que Pedro estaba en Babilonia y no en Roma. Tiene qué confesarse que ésta es la manera natural de entender el lenguaje. De todos modos, la Epístola es general en su estilo y Pedro no vacila en dirigirse con toda autoridad a personas ganadas para Cristo principalmente por la instrumentalidad de Pablo.

(e) Ideas Principales.

La Epístola es en su mayor parte exhortatoria y el designio preciso parece ser el de animar a los lectores que están en medio de severas persecuciones con una vista del ejemplo de Cristo y el cuadro de la vida santa a que están llamados. Se les ofrecen las consolaciones de la piedad, no la inmunidad de las aflicciones. El concepto del evangelio es esencialmente el mismo que el de Pablo. Los cristianos eran redimidos con la sangre preciosa de Jesús como el Cordero Pascual (1:19). Se insiste en el nuevo nacimiento (1:23; 2:2). El pueblo de Dios como un todo presentado como una casa espiritual (2:4), un sacerdocio santo (2:5), un linaje escogido, nación santa, pueblo de procesión exclusiva (2:9), extranjeros y peregrinos aquí (2:11). El término "fraternidad" (2:17) también ocurre para designar todo el cuerpo de creyentes (varones y mujeres). Emplea palabras enfáticas acerca de los males sociales que deberían corregirse y deberes sociales que deberían cumplirse. Un pasaje muy obscuro en 3:19 se interpreta por algunos para enseñar la reconciliación después de la muerte, pero sin suficiente fundamento. Pedro anhela que los cristianos, que son ahora odiados como una clase, muestren vidas limpias no sufriendo como homicidas ni ladrones (4:1-16). Conviene que el juicio comience de la casa de Dios, pero los que no son cristianos no pueden escaparse y están sin esperanza ni amparo (4:17). En 5:1-10 Pedro parece acordarse del mandato de Jesús de que apacentara el rebaño de Dios y es ahora realmente humilde de corazón y puede hablar de ellos sencilla y poderosamente. "Ceñíos de humildad" (Ver. Mod.), puede ser una figura tomada de la toalla con que Cristo se ciñó cuando lavó los pies de los discípulos. La Epístola es rica en palabras de consuelo para el alma.

4. La Epístola de Judas.

(a) El Autor.

Se llama sencillamente "Judas, siervo de Jesucristo, y hermano de Jacobo." (1) Jacobo es el hermano de Jesús que tenía un hermano llamado Judas (Mar. 6:3), que también no fué convertido hasta después de la resurrección de Jesús (Hech. 1:14). Es digno de notarse que aunque dice que es el hermano de Jacobo, no hace mención del hecho de que es hermano de Jesús. En esto sigue el ejemplo de Jacobo. La obra de Judas nos es desconocida, sólo sabemos que era casado y llevaba a su esposa consigo en su trabajo y viajes (1 Cor. 9:5). La Epístola le muestra como hombre de viva imaginación y naturaleza apasionada.

(b) Fecha.

Hay mucha incertidumbre entre esta Epístola y 2 Pedro. Si se admite la genuinidad de 2 Pedro, como sostengo yo, entonces es preciso que las dos Epístolas fuesen escritas antes de la destrucción de Jerusalem. El punto es que el segundo capítulo de 2 Pedro hizo uso de la Epístola de Judas, o Judas hizo uso de este capítulo. Los argumentos se balancean mucho, pero, después de todo, parece más natural pensar que la Epístola más corta fuese hasta cierto punto incorporada en la más larga, que la más corta hubiese tomado un capítulo de la más larga para modificarle. Además de esto, Judas tiene un estilo muy individual, lleno de frases pintorescas que arguyen por su originalidad. Por lo tanto, tenemos que pensar en una fecha cerca del año 66 A. D. como el tiempo probable cuando la Epístola se escribió.

(c) Lugar y Destino.

No sabemos nada del uno ni del otro. No hay nada

acerca de la localidad del escritor. En cuanto a los lectores sólo dice, "los llamados, santificados en Dios Padre, y conservados en (para) Jesucristo" (1). Este lenguaje es del todo general, dejándonos en ignorancia. Pero no se dirige a una iglesia local.

(d) Doctrina.

Este escritor es consciente del vínculo común que los une a todos en Cristo, y habla de "la común salud" (3). Sabe que hay herejías que amenazan a sus lectores, probablemente los gnósticos, insta a los creyentes a que contiendan eficazmente por la fe que una vez para siempre fué entregada a los santos (3). La palabra "fe" quiere decir aquí el contenido del evangelio antes bien que la confianza en Cristo. Pero evidentemente los herejes negaron a "nuestro único Soberano y Señor Jesucristo," (Ver. Mod.) no solamente en su credo, sino también en su vida (4). Recordó a sus lectores del proceder de Dios con Israel en Egipto y con los malhechores por toda su historia. La cita de Enoc (14) ocurre en casi estas mismas palabras en el libro de Enoc, uno de los apocalipsis judaicos. Habla de los apóstoles de Jesús como un grupo de caudillos (17) que predijeron estos días malos. Aboga apasionadamente por el trabajo para rescatar a los que perecen (23).

5. Segunda Epístola de Pedro.

(a) El Autor.

Ningún libro en el Nuevo Testamento causa tanta duda acerca de su genuinidad como la Segunda Epístola de Pedro. El escritor pretende ser Simón Pedro (1:1), y ser apóstol de Jesucristo, y se refiere a la Primera Epístola con lenguaje explícito (3:1). Pero no obstante esto, el estilo en el griego es decididamente distinto a pesar de ciertas semejanzas. Se arguye también que el uso de "vuestros apóstoles" (3:2, Ver. Mod.) muestra que el escritor no es realmente apóstol y que estima los escritos de Pablo como iguales con los del Antiguo Testamento (3:16), lo cual no se habría hecho en el primer siglo. En cuanto al estilo del griego, que es algo tosco, es posible que ésta sea obra de Pedro sin nada de revisión. Fué llamado "sin letras e ignorante" (Hech. 4:13), y por cierto no fué instruído en las escuelas, sino hombre pescador. En el caso de la Primera Epístola de Pedro, puede ser que Silvano hiciera el papel de amanuense para Pedro (1 Ped. 5:12), y por esto haya corregido el griego en distintas partes. Puede ser que Lucas haya hecho lo mismo al narrar el discurso de Pedro en el día de Pentecostés, el cual se da en una forma condensada. La diferencia en el vocabulario entre las dos Epístolas puede explicarse en parte por la diferencia entre los asuntos que se tratan. La referencia a apóstoles no es un verdadero obstáculo a que Pedro sea el autor ni tampoco es la que se hace a los escritos de Pablo. Pedro realmente amaba a Pablo, y no había entre ellos permanente rotura de relaciones. En verdad, 1 Pedro representa esencialmente el mismo concepto que tiene Pablo de Cristo y el cristianismo. Después de todo, pues, la evidencia está a favor de la genuinidad de la Segunda de Pedro como sostiene Bigg en su gran comentario. Si la Epístola no es genuina es pseudo-epigráfica (bajo un nombre asumido), porque se emplea el nombre de Simón Pedro como el del autor. La situación no es como la de la Epístola a los Hebreos, que no menciona al autor.

(b) **Fecha.**

Si es genuina, la fecha tiene que estar entre la Primera Epístola de Pedro y la muerte de Pedro (entre 65 y 68 A. D.), y será probablemente el 67 o 68.

(c) **Destino.**

El escritor dice expresamente que se dirige a los mismos lectores como los que recibieron la Primera Epístola de Pedro (2 Pedro 3:1).

(d) Ideas Principales.

La Epístola es intensamente práctica y rica en exhortaciones provechosas. Evidentemente quiere combatir la enseñanza gnóstica de una manera más efectiva, con una experiencia más rica de Cristo. La "fe igualmente preciosa" (1:1) recuerda "la prueba de vuestra fe, mucho más preciosa," en 1 Pedro 2:7: Pedro pone énfasis en "conocimiento" en esta Epístola (1:2, 5, 12; 2:20; 3:18). Según Pedro el conocimiento de Jesús es la más excelente de las ciencias. Apela a su propio conocimiento de Cristo mientras esté en la tierra, "con nuestros propios ojos visto su majestad" (1:16) y describe la voz "enviada de la magnífica gloria en el Monte de Transfiguración" el monte santo (1:17). Pedro sostiene el nuevo nacimiento (participantes de la naturaleza divina, 1:4), y exhorta a diligencia para la plena realización del propósito electivo de Dios acerca de nosotros (1:5-11). Anhela hacer su parte a este fin por esta carta, despertando sus mentes para que se acuerden, a hacer algo para que después de su muerte sepan las cosas de Cristo (1:14). Es posible que se acuerde aquí también del Evangelio de Marcos, que había sido preparado hasta cierto punto bajo la dirección de Pedro. No hay excusa para que alguien ignore a Jesús. A la vaga luz de la profecía ha sucedido el pleno Sol de Justicia. Así es hecha más clara la palabra de la profecía por la venida de Cristo. Los hombres hablaron como el Epíritu Santo se los reveló, no por capricho ni impulso. La traducción debe ser "revelación privada," en vez de "interpretación privada" (1:20). La venida de falsos profetas había de esperarse y no debería ser desconcertante así como no lo fué en los días antiguos, y podemos añadir en los días después de Pedro. El "Pensamiento Nuevo," "Ciencia Cristiana," el "Russelismo," "el Mormonismo," y otras muchas crudezas seguirán disturbando a los discípulos de Jesús. Hay unos pocos hombres que hasta dicen que Jesús nunca existió, y que Pablo y Pedro dejaron de entenderle si es que haya existido. "Sabe el Señor librar de tentación a los piadosos" (2:9). Lo hará ahora. Ya han empezado algunos hombres a burlarse de la vuelta de Cristo a la tierra. Los burladores dejaron de entender los caminos de Dios que no computa el tiempo como lo hacemos nosotros. El afán principal de todos debería ser la piedad ferviente, para que estén preparados a recibir a Jesús cuando venga y apresurar su venida extendiendo su reino entre los hombres.

6. La Muerte de Pedro.

No se nos dan ningunos de los detalles, y los escritores primitivos no están de acuerdo. Es probable que fuese muerto como el 68 A. D., no lejos del tiempo de la muerte de Pablo. Hay algunos argumentos a favor de la noción de que Pedro fué muerto como 64 A. D. como resultado de las persecuciones de Nerón, poco después del incendio de Roma, pero seguimos la teoría más probable. Parece que el lugar fuese Roma. La historia es que fué crucificado, y a su propia súplica, con la cabeza para abajo por no tenerse digno de ser crucificado como lo fué Cristo. Pero sólo podemos saber que Pedro murió dignamente como Jesús había dicho que lo haría (Juan 21:18). Una vez se había jactado de tener voluntad de morir por Jesús aunque todos le desamparasen, y en seguida negó a Cristo esa misma noche. Pero a pasos lentos Pedro volvió y subió y desempeñó su tarea valerosa y noblemente hasta el fin.

Tópicos para la Revista.

1. Las Epístolas Católicas.
2. La vida de Simón Pedro.
3. Pedro y Pablo.
4. La Primera Epístola de Pedro.
5. La Segunda Epístola de Pedro.
6. Escritos pseudo-epigráficos.

7. El principio de un canon del Nuevo Testamento.
8. Judas el hermano de Jacobo.
9. La Epístola de Judas.
10. Pedro y Roma.
11. La herejía en el credo.
12. La herejía en la conducta.
13. La segunda venida de Cristo.

CAPITULO XV.

EL SACERDOCIO DE CRISTO.

1. Unidad de Enseñanza en el Nuevo Testamento.

La cosa más notable en el Nuevo Testamento es la unidad del concepto de Cristo y de las doctrinas y modelos éticos. Los distintos libros representan distintos grados de cultura y puntos de vista separados. Se ve desde luego que el vínculo de unión es Jesús. Se han hecho esfuerzos para mostrar que el tipo más primitivo de enseñanza en los círculos cristianos miraba a Jesús como meramente un buen hombre y que Jesús mismo no pretendía ser Cristo el Hijo de Dios y no recibía adoración. Se ha afirmado que sólo después de que Pablo hubo hecho su interpretación de Jesús como el Cristo, los discípulos vinieron a adorar a Jesús como el Hijo de Dios. Por esto el grito "Volvamos a Cristo" fué lanzado para que se separaran del Cristo de Pablo y se adhirieran al Jesús de los Evangelios Sinópticos. Desafortunadamente para esta idea el Jesús de los Evangelios Sinópticos se ve ser idéntico con el Cristo de Pablo y del Evangelio de Juan. Luego fué declarado que el verdadero Jesús histórico puede hallarse sólo en las fuentes originales que precedieron los Evangelios Sinópticos; pero, cuando la crítica moderna ha llegado a estar de acuerdo en esta fuente llamada Q, o Logia de Jesús he aquí Cristo está allí, Jesucristo, el Hijo de Dios. Se ha dado el paso siguiente, esto es, desechar todos los Evangelios y sus fuentes como cuadros pervertidos y torcidos bajo la influencia de la teología. El

Jesús histórico puede hallarse sólo desechando toda la evidencia sabida acerca de él o ideando a un Jesús de la imaginación, el Jesús de la evolución solamente, el mero producto de su tiempo, un buen hombre, pero un mero hombre. No resta más que agregar que el paso final en esta delusión en la crítica, es decir que Jesús no ha existido jamás sino que es una pura invención. Esta atrevida negación de la autenticidad de Jesús es la deducción lógica del desechamiento de los Evangelios como testigos acerca de él. Pero es un **reductio ad absurdum** y se derrota a sí mismo. Volvamos, pues a la crítica sana. Una vez que se admite que todos los libros del Nuevo Testamento tratan a Jesús como el Hijo de Dios, como Dios y hombre, y se nos acabará la inquietud si estamos dispuestos a oír testimonios y recibir el de Cristo en nuestro propio corazón y vida. Estamos listos entonces para ver la diversidad en la unidad, pero la unidad está allí porque el mismo Espíritu ha hablado por distintos hombres el evangelio de la gracia de Cristo. Los libros presentan el cristianismo, no el judaísmo, no el budismo, no el estoicismo, no el mitraísmo, ni ningunos otros de los cultos misteriosos.

2. Diversidad de enseñanza.

Hay muchos aspectos del carácter de Cristo. La Epístola de Santiago nos da probablemente la vista más primitiva de Jesús que tenemos, pero aun allí Jesús es el Señor Cristo y el objeto de la fe. Ningún Evangelio presenta toda la historia de Jesús. Hay un elemento de verdad en la nueva discusión del Cristo Sinóptico, del Cristo de Juan, del Cristo de Pablo, del Cristo de Pedro, pero la diferencia es cosa de temperamento y educación, no de distintos Cristos. Pablo no predicaba a "otro Jesús" (2 Cor. 11:4) distinto del de Pedro, ni Pedro a uno distinto del de Pablo. Jesús mismo tenía tantos lados que ningún hombre solo vió todo o pudo narrar todo lo que vió. Cada hombre dió su interpretación. En el fondo todos convienen, pero hay la diversidad de la vida. Cada uno de los evangelios sinópticos tiene su propio ángulo de visión. El Evangelio de Marcos es la presentación más sencilla y más objetiva de Jesús, mientras el Evangelio de Mateo nos presenta a Jesús como el Mesías judaico, y el de Lucas como el Salvador de todo el mundo. Pero, aunque esto es verdad, la variación es cosa de énfasis o tono en la descripción y no en la esencia. Cada uno de los Evangelios Sinópticos presenta a Jesús como el Cristo, el Hijo de Dios, el objeto de fe y adoración. El Evangelio de Juan es más metafísico y filosófico en el prólogo (Juan 1:1-18), y da la relación eterna de Jesús como el Logos (comp. Platón y Filón), que es eternamente con el Padre (engendrado eternalmente como dice Orígenes), y que fué encarnado o hecho carne y habitó entre los hombres. Pero no es un nuevo Cristo, sino el mismo Cristo que murió por nuestros pecados y se levantó de los muertos y ahora conduce a las huestes de los justificados a la victoria. Pablo viene a interpretar a Jesús desde el lado del farisaísmo con una inteligencia disciplinada y una precisión teológica en su declaración. Pero Pablo se deshizo de los caprichos del farisaísmo acerca de un Mesías político, fundando sus miras de Cristo sobre su propia experiencia de gracia, aunque las ideas judaicas y griegas en que había sido criado constituían un rico caudal de cultura que influía en la manifestación de sus miras. El es el teólogo del Nuevo Testamento, pero nunca pierde de vista el hecho central de la muerte de Cristo por los pecadores. La libertad del pecado y de la ley por la muerte propiciatoria de Cristo es el corazón de la enseñanza de Pablo. Pedro es eminentemente práctico, pero sostiene con firmeza las cosas fundamentales de la fe, la redención por la sangre de Cristo, y la prueba del nuevo nacimiento por la nueva vida. La Epístola a los Hebreos da énfasis a la obra sacerdotal de Cristo que se halla en otras partes también. Pablo proclamó la muerte propiciatoria de Cristo como el corazón de su evangelio (Rom. 3:25). Pedro enseñó la redención por la preciosa sangre de Cristo (1 Pedro 1:18, 19). En Juan vemos la misma idea, porque Jesús es la propiciación por nuestros pecados (1 Juan 2:2). El libro del Apocalipsis tiene mucho acerca del Cordero que fué inmolado por nuestros pecados (Apoc. 5:6, 10). Pero la única discusión formal de la obra sacerdotal de Cristo se halla en la Epístola a los Hebreos. Es la víctima sacerdotal en el Nuevo Testamento así como el Profeta y Rey, pero en la Epístola a los Hebreos el asunto se trata con suma habilidad.

3. Autor de la Epístola a los Hebreos.

La Epístola misma no dice nada, y muchos hombres han sido sugeridos, tales como Pablo, Lucas, Apolos, Bernabé, Clemente, Silas, Timoteo, Priscila. En realidad no sabemos, y probablemente nunca sabremos. Orígenes dice que solo Dios sabe. El argumento del estilo no es concluyente, aunque por cierto no está en el estilo de ninguna de las trece Epístolas de Pablo. Algunos sostienen que era originalmente un discurso de Pablo que fué conservado por Lucas en forma de carta. Pero lo anónimo no afecta el valor del libro absolutamente. Hay quienes abogan por Pablo todavía en los tiempos modernos, los más opinan en contra de él como autor.

4. Destino.

Hay duda también acerca de los lectores. Parece claro que se dirige a una iglesia local, porque el escritor parece referirse a experiencias específicas de un grupo de gente en una comunidad (Heb. 10:34). El argumento entero del libro pone en claro que este grupo es un cuerpo de cristianos judíos y no de cristianos gentiles. Pero ¿cuál iglesia judía? Naturalmente la Iglesia de Jerusalem le ocurre a uno como la más obvia, por estar tanto en el libro acerca del ritual del culto judaico. Algunos han argüido por un lugar en Egipto o Asia Menor, o aun en Italia. Los manuscritos más antiguos tienen sencillamente "A Hebreos." Como el Evangelio de Mateo y la Epístola de Santiago, esta Epístola se dirige especialmente a judíos.

5. El Lugar en que se escribió.

El escritor puede haber estado en Italia. Las palabras, "Los de Italia os saludan" (Heb. 13:24), naturalmente implican que el escritor está en Italia, pero también puede significar los que han venido de Italia y están ahora con el escritor. Igualmente inconclusiva es la referencia a Timoteo (13:23), que puede estar en Italia después de su libramiento o ha ido a otra parte.

6. La Fecha.

La amplitud de detalles acerca del culto ritual implica aparentemente que el templo está todavía en pie. Pero el hecho de que se da la descripción del tabernáculo más bien que la del templo, se presenta por otra parte para mostrar que el libro fué escrito después de la destrucción del templo. El escritor, sin embargo, explica (8:2) que se usa el tabernáculo por ser éste una copia inmediata del modelo celestial. Además de esto, el argumento de que el pacto antiguo "cerca está de desvanecerse" (8:13) habría sido corroborado por la declaración de que el templo mismo había sido destruído. El que se ha dejado de hacer esto arguye que el libro haya sido escrito antes de ese acontecimiento, y sin embargo, pueda haberse escrito precisamente antes. También la exhortación a que los cristianos salgan del real judaico (13:11) hace inverosímil que el templo hubiese sido ya destruído cuando se escribió el libro. De modo que si la Epístola fué escrita después de la muerte de Pablo (antes de junio del 68 A. D.) y antes de la

destrucción del templo en 70 A. D. tenemos un margen
angosto para la fecha que caerá cerca del año 69 A. D.

7. Estilo.

El autor es el más literario de todos los escritores del
Nuevo Testamento, aunque el libro está escrito en el
koine corriente.   No es el ático literario ni exactamente el **koine** literario, sino un **koine** común con un sabor
decididamente literario.   Hay progreso en el argumento
y más estructura literaria de la que se halla por lo regular en el Nuevo Testamento.   El libro comienza como
un tratado, procede como un sermón, y concluye como
una carta.   En los primeros versículos hay algunos términos que revelan conocimientos de la filosofía alejan-
drina (comp. el uso hecho por Juan de Logos por Cristo, término común en Platón y Filón), sea de Filón, o de
la Sabiduría de Salomón, o nada más un conocimiento de
la escuela de Alejandría.   La Epístola a los Hebreos es
intensamente leal a Cristo y su filosofía de la religión
está concentrada en la persona de Cristo.   El escritor
usa las figuras retóricas de hombre de cultura y tiene
con frecuencia la estructura periódica del orador con
el ardor y pasión del mismo.

8. La Ocasión.

La ocasión inmediata de la Epístola era aparentemente la prueba peculiar de los cristianos judíos. No fué
un caso como el de los judaizantes en Antioquía y Jerusalem, Galacia y Corinto que procuraron fijar el judaísmo en el cristianismo o como los gnósticos en Asia que
procuraron diluir el cristianismo con la especulación filo-
sófica y los cultos misteriosos. La dificultad en este caso
es mucho más sencilla y directa. Los cristianos judíos se
ven atacados por sus vecinos judíos con la acusación de
que el cristianismo no es absolutamente religión alguna
en comparación con el judaísmo.   Se les recuerda a los
cristianos de Moisés y los ángeles, de Josué y Aarón.

de los profetas y el pacto, del tabernáculo y el templo con todo el glorioso servicio, de las promesas hechas a solo Israel. Se les recordaba también de la humilde condición de Jesús, que no era meramente un hombre, sino un hombre desechado por los eclesiásticos judíos, y crucificado como un criminal. En fin, se les convidaba a que abandonasen completamente el cristianismo y volviesen al judaísmo, la religión de sus padres, la única religión que valía. Era un argumento poderoso, y evidentemente había hecho alguna impresión. El entusiasmo de muchos se había enfriado, su actividad estaba amortiguada y vacilaciones y dudas se habían apoderado de algunos. Fué una crisis para esa iglesia y la arruinaría si no se corregía la equivocación. Se nos recuerda la crisis del congregacionalismo de Nueva Inglaterra cuando el unitarismo se llevó tantas de las iglesias del culto de Jesús como Señor y Salvador. El autor escribe con un profundo sentido de necesidad inmediata y con el propósito de contrarrestar esta crisis esforzando a estos cristianos judíos en su confesión de fe y esperanza en Cristo.

9. La Línea del Argumento.

El autor procede a demostrar con maestría que Jesús es la verdadera gloria del cristianismo y que lo eleva absolutamente sobre el judaísmo en todo punto. Podemos seguir su curso de argumentación con completa facilidad.

(a) Jesús es Mejor que los Profetas (1:1-3).

Es el Hijo de Dios y esa es la corona del evangelio. Dios sí habló por los profetas a los hombres de la antigüedad. Eso es la verdad fuera de toda duda, pero era un mensaje esparcido y variado pero, en la persona del Hijo de Dios, Dios ha dado a los hombres la Palabra plena y final, la consumación de lo antiguo. Este Hijo es el verdadero

Dios y lo es en esencia, poder y servicio. No sólo hizo el universo, sino que ha ofrecido un sacrificio por el pecado, y ahora está sentado a la diestra del Padre.

(b) **Jesús es Mejor que los Angeles** (1:4-2:18).

De una vez Jesús ha sido elevado a un plano superior al hombre y no obstante era y aun es hombre. Así es que la persona de Cristo es un problema no del punto de vista del gnosticismo, sino del punto de vista universal. En particular los judíos se oponían al culto de un mero hombre, y los más de ellos al culto de los ángeles, aunque algunos judíos (comp. Tobit) ya habían comenzado a dar culto a ángeles (así los Esenios). Pero los ángeles adoran a Jesús. El escritor presenta a Jesús como superior a los ángeles por ser el Hijo de Dios (1:4-2:4), como se muestra en la Escritura. Por tanto es peligroso volverse de esta gran salvación. También es superior a los ángeles por ser el Hijo del hombre (2:5-18). Esta misma Encarnación es una corona de honra y cumple el verdadero destino del hombre. Además de esto, la Encarnación fué apropiada según la miraba el Padre, puesto que así el Hijo ganó una perfecta experiencia humana y fué preparado así para hacer servicio como sumo sacerdote de lo cual habría sido incapaz de otro modo.

(c) **Jesús es Mejor que Moisés y Josué** (3:1-4:13).

Lo que necesitan los cristianos judíos es entender a Jesús propiamente, "comprender" a Jesús. Si hacen esto verán que Moisés era un siervo fiel sobre la casa de Dios (el pueblo de Israel), mientras Jesús es un Hijo fiel sobre la casa de Dios (el Israel espiritual). La amonestación es pertinente a que los cristianos judíos no imiten a sus antepasados, que, bajo Moisés, perecieron es el desierto, habiéndose mostrado indignos de entrar en la Tierra Prometida. Los escogidos son los que quedan fieles hasta el fin. El ojo de Dios está en todos y nadie puede escaparse de él.

(d) Jesús es Mejor Sumo Sacerdote que Aarón (4:14-7:28).

El sumo sacerdote tenía simpatía humana y nombramiento divino. Jesús tuvo las dos cosas. Su experiencia en Getsemaní prueba su simpatía y fué nombrado por Dios Sumo Sacerdote según el orden de Melquisedec, no de Aarón. El autor prueba en seguida que Melquisedec era más grande hombre que Abraham, y, por lo tanto, que Aarón y Leví. Jesús era de la tribu de Judá y no de Leví. El es Rey-Sacerdote, como Melquisedec. Se reprende a los lectores por su pereza y se les insta a despertar y no caer en un estado de defección desesperada. Su esperanza está en Dios que ha dado su promesa y juramento de guardar a los que huyen a refugiarse en él.

(e) Jesús Ministra bajo un Pacto Mejor (capítulo 8).

El pacto de ley fracasó porque el pueblo no pudo o no quiso guardarlo. El nuevo pacto es de gracia y está en el corazón. Es operativo y efectivo en Cristo y echa fuera el viejo cristianismo; así toma el lugar del judaísmo, que es viejo y está próximo a desvanecerse.

(f) Jesús Sirve en Mejor Santuario (9:1-12).

Es antiguo, aunque fué modelado según lo celestial, había de durar sólo hasta un tiempo de reforma; cuando vino Jesús lo ceremonial pasó porque lo verdadero ya había venido. Jesús es ahora nuestro Sumo Sacerdote en el cielo, el tabernáculo mayor y más perfecto donde oficia.

(g) Jesús ofrece un Sacrificio Mejor (9:13-10:18).

La sangre de los toros y de los machos cabríos no tiene eficacia en sí misma. Sólo sirve como símbolo del verdadero sacrificio, que es Jesús mismo. El es la Víctima y el Sacerdote. Su sacrificio es voluntario, y por esto está en la esfera del Espíritu. Es el del impecable Dios-hombre con valor infinito. Así hace efectivos los tipos

de sí mismo. Así puede él con un sacrificio, que no
tiene que repetirse, salvar eternalmente a los que por él
se allegan a Dios. Ya no se necesita una ofrenda por
el pecado, porque esta ofrenda única trae la remisión del
pecado. Así somos limpiados en corazón y vida, santificados en Cristo.

(h) **Jesús Cumple las Promesas** (10:19-12:3).

Fe en el Dios invisible ha movido a los santos en todas
las edades. Tuvieron fe en Dios aun cuando dejaron de
ver cumplirse la gran promesa del Mesías. Vieron sí, que
Dios era fiel a su palabra, aun en tiempos de las mayores
pruebas. La inspiración del pasado sublime y santo mue-
ve a los verdaderos judíos a que sean leales a Cristo
ahora. Jesús mismo sufrió la cruz, menospreciando la
vergüenza, dándonos así el supremo ejemplo de fideli-
dad. El es el autor y consumador de nuestra fe y nos
exige que seamos fieles hasta el fin.

10. **La Aplicación** (12:4-13:25).

(a) **El Castigo es Prueba del Amor de Dios** (12:4-17).
La lección del castigo no es una que los niños tienen
que aprender. Es más fácil ver el beneficio ya acabado
el castigo. Lo que se necesita es la paciencia.

(b) **La Amonestación del Monte Sión** (12:18-29).
Los judíos todos sabían de los truenos del Monte Sinaí.
Pero Dios es aun fuego consumidor. El Monte Sión, la
Jerusalem celestial, el reino de Dios, es más terrible
que el antiguo. Por esto la apostasía debería ser abo-
rrecida y evitada.

(c) **Si es Necesario, Salid fuera del Judaísmo** (capítulo
13).

No se exige esto a menos que los judíos insistan. Pero
sacaron a Jesús fuera de Jerusalem y le crucificaron sobre el Gólgota. No tengamos vergüenza de salir y ponernos al lado de Jesús fuera del campo del judaísmo.

llevando el reproche de la cruz con él. La cruz ha venido a ser su gloria. Gloriémonos nosotros en ella también. Jesús no ha cambiado. ¿Por qué hemos de abandonarle? Seamos leales a Cristo y a los caudillos cristianos.

Tópicos para la Revista.

1. Cristo en el Nuevo Testamento.
2. Tipos de enseñanza en el Nuevo Testamento.
3. El autor de los Hebreos.
4. Los lectores de Hebreos.
5. Fecha.
6. Propósito del libro de Hebreos.
7. Características de la Epístola.
8. Peligro de los cristianos judíos.
9. Línea de argumento en réplica.
10. La gloria de Jesús.

CAPITULO XVI.

VICTORIA FINAL.

1. La Vida de Juan.

Tenemos pocos datos para construir un cuadro de la obra de Juan después de que desaparece de la historia de los Hechos. En los primeros capítulos de los Hechos Juan parece ser el compañero de Pedro y sin embargo, ser no tan agresivo como Pedro, que es quien habla en todas las ocasiones cuando es necesario hablar. Pedro y Juan fueron enviados de Jerusalem a Samaria para investigar la obra de Felipe (Hech. 8:14). No vuelve a mencionarse en Hechos, sino en 12:2 como el hermano de Jacobo, que fué matado por Herodes Agripa I. Juan debió de haberse acordado de la palabra de Jesús cuando él y Santiago profirieron la súplica ambiciosa acerca de sentarse a la diestra y siniestra de Jesús. Jesús les había prometido que ambos beberían de la copa de la muerte y tener el bautismo de la muerte (Mar. 10:39). Santiago había tenido ahora su bautismo de sangre. Le tocaba a Juan en seguida, y se preguntaba cuándo sucedería. El mismo no participó de la idea que algunos tenían de que había de vivir hasta que Jesús volviera a la tierra. Esa idea había resultado de entender mal lo que Jesús había dicho a Pedro relativo a la pregunta poco prudente de éste, acerca de Juan cuando Jesús había asegurado a Pedro que sufriría el martirio (Juan 21:20-23). Fué evidentemente una sorpresa a Juan que viviera más tiempo que ningún otro de los apóstoles originales. Juan asistió

en la gran conferencia en Jerusalem y participó de la
honra de la ocasión juntamente con Santiago el hermano de Jesús y Simón Pedro. Estos tres eran las co-
lumnas en Jerusalem (Gál. 2:9). Pero no se narra en
Hechos 15 que hizo un discurso, como lo hicieron Pedro y Santiago. Calló a pesar de su prominencia y poder. Como Pedro, no era hombre que se había educado en las escuelas (Hech. 4:13), pero era hombre de
ingenio supremo. El y Santiago fueron llamados los
hijos de Trueno, y Juan mostró su disposición recia en su
severidad hacia el hombre que echaba fuera demonios
en el nombre de Jesús, aunque no era del círculo apostólico (Mar. 9:38), y deseando mandar que descendiese
fuego sobre la villa samaritana (Luc. 9:54). Parece que
participó de los celos de los apóstoles en la última
pascua (Luc. 22:24). Es claro, pues, que Juan tuvo que vencer mucho en su propia naturaleza para que
viniese a ser el apóstol de amor. Jesús le amó tiernamente y halló que Juan entendía algunos de sus hu-
mores e ideas mejor que ningún otro. Era evidentemente
hombre de índole espiritual con rara elevación y nobleza de pensamiento, pero también con intensidad de
sentimientos y energía de acción. Es claro por 3 Juan
9 que Juan viajaba bastante entre las iglesias. Es probable que conociera bien las siete iglesias de Asia a las
cuales se dirige en el Libro del Apocalipsis (2, 3), co-
nociendo bien sus características. Estuvo en destierro en la Isla de Patmos cuando escribió el Apocalipsis,
por su testimonio a Jesús (Apoc. 1:9) probablemente
en Efeso. Los escritores primitivos hablan de un ministerio de Juan en Efeso. Parece que vivió hasta cerca del fin del primer siglo y se dice que sufrió la muerte en una caldera de aceite hirviendo. Es representado
como oponiéndose tenazmente a Cerinto, el gnóstico.
Pero como Pedro, Juan no tuvo a un Lucas para narrar
su historia de modo que sus últimos años están envueltos

en obscuridad, aunque se narran muchos cuentos acerca de él por escritores de un período posterior.

2. Los Escritos de Juan.

Estos escritos (el Cuarto Evangelio, las Epístolas de Juan y el Apocalipsis o Revelación) son la ocasión de la más reñida controversia. Todavía se debate recientemente sobre quién era el autor del Cuarto Evangelio, pero los que abogan por Juan tienen los mejores argumentos, aunque ahora se reconoce generalmente que este Evangelio, escrito después de todos los demás hacia el fin del siglo, representa la enseñanza de Jesús de una naturaleza especial reflejada en el molde de la propia personalidad de Juan. Juan ha entendido de una manera maravillosa el Espíritu de Cristo, y con frecuencia las palabras de Jesús se ven mezcladas con su propia condensación o paráfrasis. El Cuarto Evangelio suplementa los otros Evangelios, pero no los contradice. Pero si asumimos que Juan el apóstol es el autor del Cuarto Evangelio, tenemos todavía el problema de las Epístolas y la Revelación. Las Epístolas son prácticamente idénticas en estilo y tono con el Evangelio y es preciso que se atribuyan al mismo autor, aunque el término "anciano" (presbítero) en segunda y tercera de Juan ha hecho que algunos sospechen que el presbítero Juan, y no el apóstol Juan, es el autor. El Apocalipsis sí presenta una verdadera dificultad tanto en su estilo como en la materia que se trata. El griego es el más común en el Nuevo Testamento y ostenta más variaciones de la precisión gramatical. El Evangelio y las Epístolas están comparativamente libres de semejantes idiosincracias. Son varias las explicaciones. Algunos arguyen que éste es el verdadero apóstol Juan, siendo el Evangelio y las Epístolas por el presbítero Juan. Otros arguyen exactamente lo opuesto que es que la Revelación fué escrita por el presbítero Juan. Otros niegan que el apóstol Juan escribiera cualquiera de los libros. Otros todavía sostienen que Juan el apóstol los escribió todos, como creo yo también. La diversidad del estilo puede explicarse con el hecho de que la Revelación fué escrita antes que los otros y representa el lenguaje menos cultivado de Juan o por el hecho de que la Revelación no fué revisada, por estar Juan en destierro y que muestra también la excitación de las visiones que había visto. Esta última mira me parece probable. Pero hay muchos puntos de semejanza entre los distintos escritos atribuídos a Juan en vocabulario, pensamiento y dicción. Representan una de las grandes divisiones del Nuevo Testamento.

3. Fecha de las Epístolas.

No hay nada, absolutamente nada que indique la fecha de las Epístolas de Juan o su relación entre sí respecto al tiempo. El hecho de que Juan es el espíritu principal en Asia Menor parece indicar un período después de la muerte de Pablo y Pedro. Naturalmente pensamos en una fecha posterior a la de la destrucción de Jerusalem, tal vez cerca de 80-85 A. D.

4. La Destrucción de Jerusalem.

El año 70 A. D. señala una nueva era en la historia judaica y en la historia del cristianismo también. Desde entonces los judíos carecen de templo, y aun de patria. Han sido esparcidos a las cuatro partes de la tierra con el resto de la Dispersión y aun están así esparcidos. Jesús había predicho este terrible desastre (comp. Mat. 24, 25), hallando en él el castigo de los judíos por su proceder con él y la profecía y tipos del fin del mundo y su segunda venida a la tierra. Los cristianos también vinieron a ver en la destrucción del templo y de la ciudad una señal de la caída del judaísmo por haber desechado al Mesías. Vino a su propia tierra y su propio pueblo no le recibió. La separación del cristianismo del judaísmo se hizo más clara después de esta gran tragedia. Pablo había visto que los judíos perderían (ya habían perdido) su primogenitura en el reino de Dios. Había dejado caer su privilegio no usado a su lado. Hemos de pensar, pues, en todos los escritos de Juan como escritos después de la destrucción de Jerusalem aunque hay aun disputa acerca de la fecha del Apocalipsis, como veremos.

5. La Extensión del Gnosticismo.

Pablo había visto el peligro del gnosticismo incipiente y luchó con él en los grupos tercero y cuarto de sus Epístolas. Pedro también combatió el gnosticismo, como lo hizo Judas. Pero la herejía se había desarrollado ahora haciéndose aun más temible. Se hicieron muy agresivos, y el tono de Juan es muy severo contra ellos. Las dos clases de gnósticos (los docetas y los cerintianos) son condenados en estas Epístolas. Si se leen las Epístolas ignacianas, escritas en los primeros años del segundo siglo se verá el gnosticismo de un tipo más desarrollado todavía. Pero durante la vida de Juan se había extendido muchísimo.

6. La Primera Epístola de Juan.

En los primeros versículos hallamos a Juan insistiendo que Jesús tuvo un verdadero cuerpo humano en oposición a los gnósticos llamados docetas, quienes sostuvieron que Jesús sólo parecía ser hombre y era realmente un león. El Evangelio de Juan, mientras enseña la humanidad de Jesús, claramente pone el énfasis principal en su deidad (Juan 20:31), probablemente contra los gnósticos llamados cerintianos, que negaron que el hombre Jesús y el eón Cristo eran una cosa, o contra los ebionistas, que negaron la verdadera deidad de Jesús. La primera Epístola de Juan admite la deidad de Jesús, pero carga el énfasis principal sobre la humanidad como genuina y real. Así "la sangre de Jesu-Cristo su Hijo nos limpia de todo pecado" (1 Juan 1:7). Los gnósticos cerintianos son condenados en 1 Juan 2:22: "Niega que Jesús es el Cristo." Debemos probar los espíritus si son de Dios. Los gnósticos docetas negaron que Jesucristo era venido en la carne (4:2). La nota dominante en esta Epístola es la de la realidad. Juan no pudo soportar la pretensión superficial de los gnósticos, que decían haber tenido iniciación especial en los misterios divinos y fingían tener familiaridad peculiar con Dios, anunciando ostentosamente: "Yo lo he conocido" (2:4), y al mismo tiempo odiando a sus hermanos y andando en toda clase de maldad. Hablaban recio de la luz y andaban en tinieblas. Son mentirosos dice Juan bruscamente. La fácil profesión de libertad absoluta de pecado era una caricatura del cristianismo. Nosotros tenemos esperanza porque tenemos a Jesús como nuestra Propiciación por el pecado y nuestro Abogado con el Padre (2:1). El hombre que cae en pecado tiene así esperanza de perdón, mientras el hombre que persiste en el hábito de pecado es semejante al diablo y pertenece al diablo cuyo hijo es (3:4-10). El amor a los hermanos es prueba de amor para con Dios. Si amamos a Dios amaremos a los hijos de Dios. La fe es la victoria que vence al mundo. La fe tiene amor. El amor perfecto echa fuera el temor. El mundo está todavía en poder del maligno, pero algún día será rescatado de su dominio.

7. La Segunda Epístola de Juan.

La Señora Elegida puede ser una iglesia o, como es más probable, una señora. En efecto, su nombre puede ser Ciria (v. 5). Parece que tenemos una Epístola a una santa mujer y sus hijos. Juan está agradado con sus hijos y eso alegrará el corazón de ella. Es probable que haya hospedado a Juan en uno de sus viajes (viajes misioneros). Escribe de verdad y amor, de Cristo como el modelo de la verdad, de progreso dentro de y en la plenitud de Cristo y no la ignorancia superficial de Cristo en el nombre de progreso.

8. La Tercera Epístola de Juan.

Aquí tenemos una Epístola a un excelente siervo de Dios, sea predicador o lego. No sabemos si es el Gayo de Corinto, el huésped de Pablo en aquella ciudad (Rom. 16:23). Pero había sido el huésped de otros extraños maestros misioneros y predicadores, así como lo fué de Juan (3 Juan 5), y los había ayudado a seguir en sus viajes por Cristo. Era aún imposible que los misioneros recibiesen pago de los gentiles cuando salieron en el nombre de Jesús. Se les habría acusado de venir por el dinero. Ya vemos en Gayo uno que daba una gozosa bienvenida a los predicadores de Cristo. Demetrio era otro semejante a él. Pero Diótrefes había rehusado hospedar a Juan, cuando estuvo con la iglesia, y había amenazado expulsar a los que osaran mostrar hospitalidad para con Juan. Diótrefes es el "jefe" típico de iglesia que quiere dominar arruinándolo todo. Estas pequeñas Epístolas de Juan nos dan preciosos vislumbres de la vida eclesiástica de los últimos años del primer siglo, mientras el cristianismo se esforzaba para seguir en su lucha con el judaísmo, paganismo, gnosticismo, mithraísmo y todos los cultos misteriosos del siglo, se adelantó a pesar de los miserables celos y la mezquindad de muchos de los mismos cristianos, gracias a la energía de los pocos consagrados como Juan, la Señora Electa, Gayo y Demetrio, quienes se dedicaron completamente al progreso del reino.

9. La Fecha del Apocalipsis.

Hace una generación que era común decir que el Apocalipsis fué escrito precisamente antes de la destrucción de Jerusalem, cuando el pueblo estaba esperando que Nerón volviera a vivir y dominar. Las catástrofes descritas se debían a la persecución neroniana. Pero ya se ha descubierto que Domiciano era considerado por algunos como Nerón **Redivivus**. Sobrepujó a Nerón como perseguidor. Por esto el expreso testimonio de Ireneo cómo fué obtenido de Policarpo que Juan escribió el Apocalipsis cerca del fin del reinado de Domiciano se acepta en todo su valor. El libro es probablemente, después de todo, el último libro del Nuevo Testamento.

10. La Sombra de Persecución.

El Emperador Domiciano había instituído persecución contra los cristianos como una molestia y el poder del estado fué pesado contra ellos en todas partes del imperio, especialmente en Asia Menor. Juan mismo fué víctima de esta extendida opresión del cristianismo y está en destierro en la Isla de Patmos. Pablo (2 Tes. 2) había previsto esta lucha entre Roma y el cristianismo y había pintado al emperador como el Hombre de Pecado que recibió adoración como Dios. El culto del emperador era el culto principal del imperio. Fué inevitable que el cristianismo, cuyos discípulos no podían adorar a César, chocara con el estado cuando éste procurara forzar a los cristianos a dar culto al emperador. Calígula tuvo que luchar con los judíos sobre este negocio. Nerón se valió de él para resguardarse del reproche de incendiar a Roma. Pero Domiciano lo mira de una manera más seria inaugurando una política fija para acabar con el cristianismo como un peligro para el imperialismo romano. Así arreció la gran batalla entre César y Cristo. Había de durar por siglos. Con frecuencia la victoria parecía declararse ya por un partido ya por el otro. César tuvo toda la ventaja de poder y prestigio desde un punto de vista mundano. ¿Cómo podrían las congregaciones esparcidas de creyentes resistir este poder arbitrario? Ya han sido matados millares.

11. El Propósito del Apocalipsis.

Juan está lleno de las visiones acerca del conflicto,

y escribe para animar a los santos en medio de éste. Están oprimidos por el poder del imperio romano, así como por el del gobierno provincial. El círculo de las siete iglesias alrededor de Efeso estaban en el mero centro del conflicto. Algunos se veían tentados a traicionar la fe. Todos necesitaban de una palabra animadora. Nadie podía decirla con el mismo acento de autoridad como Juan el amado Apóstol. Ahora él mismo en su vejez está en el destierro por haber dado testimonio por Cristo. Hubo muchísimos mártires, y, el turno de Juan vendría presto. Pero no tenía temor.

12. El Método del Apocalipsis.

El libro de la Revelación es un apocalipsis; es, en efecto, el apocalipsis cristiano. El término "apocalipsis" significa revelación (descorriendo el velo), y al principio parece ser nombre falso cuando se aplica a un libro lleno de símbolos que nos son tan obscuros a nosotros. Pero ha de recordarse que los símbolos no eran obscuros a los lectores. El uso del apocalipsis fué un método reconocido de escribir que ya se había generalizado entre los judíos. Se originó en tiempos de opresión cuando los judíos temían decir en lenguaje claro todo lo que deseaban decir. Por esto se valían de símbolos que eran intelegibles a los iniciados, pero más o menos confusos a los no instruídos. El libro de Daniel es un ejemplo notable de semejante escritura en el Antiguo Testamento. Véase también el Libro de Enoc y 2 Esdras. En efecto, los apocalípticos, como fueron llamados, vinieron a ser los principales intérpretes del mejor judaísmo de la época en contraste con el duro farisaísmo tan corriente. Pero había muchos caprichos y excrecencias en el uso del apocalipsis. El libro de la Revelación es casi un mosaico de las imágenes usadas en Ezequiel y Daniel. Algunos escritores afirman que el libro hace uso de otros apocalipsis judaicos. Hubo mucha razón para el uso de los apocalípticos en la Revelación por ser pre-

dicha la caída de Roma y esa predicción no mejoraría
la condición de los cristianos en Roma. Por esto las
figuras son veladas y no obstante es bastante claro que
aquí Babilonia se refiere a Roma. El valor de Juan que
está en destierro no se oculta por el uso de figuras.

13. Interpretación del Apocalipsis.

El libro ha mostrado ser un verdadero enigma para
los expositores, toda vez que se pierda de vista la atmósfera histórica y se deja de usar la clave de los símbolos.
Los que tienen teorías especiales acerca del milenio
han apelado a él como su prueba. El milenio no se
menciona sino en el capítulo vigésimo y es él mismo un
símbolo, pero ha sido tomado por muchos como la clave de todo el libro. El hecho esencial de la segunda venida de Cristo corre peligro de ser obscurecido
por teorías rivales del milenio. Proyectos de historia
han sido elaborados para corresponder con los siete se-
llos, las siete trompetas, las siete copas. Estas han sido
interpretadas como continuas, una serie después de otra,
y como bosquejando el curso de la historia hasta el fin
del mundo. Se han interpretado también como sincró-
nicas, cada serie más o menos paralela y cada serie llegando al fin. Pero ambas de estas teorías históricas de-
jan de dar una interpretación adecuada a los símbolos.
Los eruditos católico-romanos afirman que el milenio comenzó con la conversión de Constantino, pero
los protestantes han replicado que este período es la
Edad de Obscurantismo y que las dos bestias son Roma
pagana y Roma papal. Los eruditos católicos han contes-
tado que el libro ya se cumplió todo en el pasado (la
teoría pretérita) o en el tiempo de Nerón o en el de
Domiciano. Si fuera así el cumplimiento debería de
ser claro para ahora. Otros romanistas han sostenido
que el libro trata todo del futuro (la teoría futura), y
no tiene nada que ver con el presente. En la mezcla
de opiniones, algunos toman el libro como puramente

espiritual sin ningún aspecto histórico. Una mira más sana es la más reciente de **W. M. Ramsay,** que halla en las dos bestias una referencia a Roma imperial y provincial como perseguidora de cristianos y ve la ocasión y referencia histórica inmediata en la persecución domiciana, pero toma el libro como cuadro en términos generales de la lucha entre el dominio mundano y Cristo repetida en todas las edades. Es fútil hacer del libro una prueba en la controversia eclesiástica por poder interpretarse de tantas maneras los símbolos. No hay libro que demande más sentido común y ninguno da fruto más rico usándolo propiamente.

14. Cartas a las Siete Iglesias.

Todo el libro se dirige al círculo de siete iglesias de Asia (Efeso, Esmirna, Pérgamos, Tiatira, Sardis, Filadelfia, Laodicea) de modo que se tiene qué pensar que la necesidad de estas iglesias era especialmente grande, aunque el libro tiene un mensaje para todos los cristianos de ese siglo y de todos los tiempos. Hay (capítulos 2 y 3) mensajes especiales a cada una de estas iglesias. Por cierto las iglesias representan varios tipos, pero la pintura es verdadera, sacada de la vida. El cristianismo ya siente la influencia del lapso de los años sobre los que están dispuestos a consagrarse de hacer bien. La herejía prevalece en Asia (Comp. Colosenses, Efesios 1 y 2 Timoteo). El amor de muchos se ha enfriado, y la ortodoxia es a menudo una forma muerta. Jesús andaba entre las iglesias entonces, como lo hace ahora, y ve todos los delitos y subterfugios de los santos. Las predicciones acerca de estas iglesias y ciudades se han cumplido todas. Las ruinas de Efeso, por ejemplo, hablan con elocuencia de un primer amor del cual esta grande iglesia de privilegio y poder se ha vuelto.

15. Aspectos Prácticos del Apocalipsis.

Hay mucho en el libro que se entiende fácilmente y

que es de muchísima utilidad para la vida de todos los cristianos. El cuadro del culto de Dios y Jesús en los capítulos cuarto y quinto inspira la verdadera devoción. Lo mismo es cierto de todos los vislumbres del cielo en el libro. Jesús es el objeto de adoración igualmente con el Padre. Jesús ha hecho propiciación por el pecado y está ahora a la diestra del Padre en poder y gloria. Vendrá otra vez para recibir a los suyos y no se tardará mucho tiempo, conforme a la manera de Dios de contar el tiempo. Por esto los santos deberían sufrir sin murmurar los males del presente con esperanza de la gloria que ha de venir. El poder de Roma puede matar los cuerpos de los mártires, pero sus almas están gozosas con Dios.

16. Certidumbre de Triunfo al Fin.

Jesús es el capitán, y está conduciendo las huestes de Dios contra las huestes de Satanás. El conflicto bosquejado en la tentación de Jesús se manifiesta aquí detalladamente. A pesar de la victoria aparente de Satanás al usar el poder de Roma, o Anticristo para matar a los discípulos de Jesús, el resultado será la conquista del mundo para Cristo. "Los reinos del mundo han venido a ser los reinos de nuestro Señor y de su Cristo" (Apoc. 11:15). Habrá muchas victorias y derrotas, pero Juan ve ya la caída de Babilonia. El gozo del cielo sobre este evento refleja el espíritu de todo el libro. Es un drama, el drama del hombre en su último conflicto con Apollyón. Cristo como Capitán vencerá. Las huestes de Satanás vuelven al infierno. Las huestes de Cristo ocupan la Nueva Jerusalem, la ciudad de Dios, el glorioso cuadro del cielo, donde la paz de Dios está en todo corazón, donde el Cordero es la Luz, donde Dios mismo es el templo y la Gloria, donde sus siervos le sirven y ven su rostro y reinar para siempre jamás.

Tópicos para la Revista.

1. Juan el apóstol.
2. Los escritos de Juan.
3. La Destrucción de Jerusalem.
4. Extensión del gnosticismo.
5. Primera Epístola de Juan.
6. Segunda Epistola de Juan.
7. Tercera Epístola de Juan.
8. Fecha del Apocalipsis.
9. La persecución domiciana.
10. Apocalipsis judaico.
11. Designio del Libro de Revelación.
12. Interpretaciones del libro.
13. Las cartas a las siete iglesias.
14. Descripciones del cielo y del infierno.
15. El milenio.
16. El triunfo de Jesús.

PREGUNTAS PARA REVISTA Y EXAMENES.

Estas preguntas puedan asignarse, al fin del estudio, como una lección especial. Una revista cuidadosa y constante en cada exposición, de todas las lecciones anteriores, traerá la clase a esta prueba final ya preparada. Al menos diez y seis preguntas, una para cada capítulo, deben escogerse de las que se dan en seguida para el examen. Los alumnos que alcanzan el 70 por ciento en su calificación reciben un sello apropiado para su diploma. Los maestros que prefieran hacerlo así podrán presentar su examen al fin de cada "Parte."

CAPITULO I.

1. Demuéstrese cómo el Imperio Romano "se edificó sobre las ruinas del pasado."
2. Indíquese la influencia de Grecia sobre el Imperio Romano.
3. Díganse las condiciones educacionales del mundo romano.
4. Muéstrese cómo la filosofía "había recibido un carácter distintamento práctico" en este tiempo.
5. ¿Cuál fué el carácter de la religión en el mundo romano cuando nació Jesús de Nazaret?
6. ¿Cómo fué el estado de la moral en este tiempo?
7. Descríbanse las condiciones sociales en el Imperio Romano.
8. ¿Qué se dice de la actividad en los negocios?
9. Nómbrense algunas de las ciudades importantes de este período.
10. ¿Cuál fué la influencia ejercitada por el militarismo?
11. Muéstrese cómo fueron gobernadas las "provincias." ¿Qué se dice del gobierno de Judea durante el ministerio de Jesús?
12. Indíquese el carácter general de Augusto César, y descríbase su reinado.
13. ¿Qué quiere decir la Dispersión? Decid algo de los judios de la Dispersión Oriental, y de la Dispersión occidental.

CAPITULO II.

1. Explíquese cómo Palestina llegó a ser gobernada por Roma.
2. Dígase algo de la influencia griega en Palestina en el siglo anterior a la Era Cristiana.
3. Descríbanse el carácter y carrera de Herodes el Grande.
4. ¿Qué hombres sucedieron a Herodes el Grande?
5. Descríbase el carácter, y bosquéjese brevemente la carrera de Pilato.
6. Dígase algo de los dos Herodes Agripas.
7. ¿Qué distintos templos estuvieron en el Monte Moria? ¿Qué se dice del lugar que tuvo el templo en la vida y los afectos de Israel?
8. ¿Cuáles eran las más importantes fiestas observadas por los judíos?
9. ¿Qué se dice de los miembros del Sanedrín?
10. ¿Cuál fué el origen de la sinagoga? ¿Cuál fué su objeto?
11. ¿Qué escritura hebrea se usaba en el tiempo de Cristo?

12. ¿Cuál fué el origen del Talmud y cuál era su naturaleza?
13. Dígase ¿cuál era el trabajo y la influencia de los escribas?
14. Descríbanse las dos "escuelas de teología."
15. ¿Quiénes eran los fariseos y cuál fué su actitud hacia Jesús?
16. ¿Cuáles eran los elementos importantes en la creencia de los Saduceos?
17. ¿Quiénes eran los Esenios? ¿Juan el Bautista fué alguna vez miembro de esta secta?
18. ¿Quiénes eran los publicanos y cuál era su reputación general?
19. ¿Qué se dice de la agricultura en Palestina?
20. Descríbase la posición de la mujer en los días de nuestro Señor.
21. Tocante a la destrucción de Jerusalem: (1) Dése la fecha; (2) ¿Quién fué el conquistador? (3) Indíquese la importancia del acontecimiento.

CAPITULO III.

1-3. Dígase algo de Zacarías y Elisabet.
4. ¿Qué se dice de la vida de preparación de Juan en los desiertos?
5. Descríbase el desierto de Judea y dígase algo del ministerio de Juan allí.
6. ¿Cómo "reprendió Juan al siglo"? ¿De dónde recibió Juan su autoridad y su bautismo?
7. ¿Cómo bosqueja Juan al Mesías?
8. ¿Por qué procuró Jesús el bautismo de manos de Juan?
9. Decid algo de la "Comisión de Jerusalem."
10. Juan identificado con Jesús como el Mesías. ¿Dónde? ¿En qué palabras?
11. Cítense las palabras de Juan que indican que estaba libre de celos.
12. ¿Por qué denunció Juan a Herodes y Herodías?
13. ¿Por qué encerró Herodes a Juan en la cárcel?
14. Nárrese el mensaje de Juan a Jesús.
15. ¿Cómo estimaba Cristo a Juan?
16. Descríbase la muerte de Juan el Bautista.

CAPITULO IV.

1. ¿Cuáles son las fuentes de nuestros conocimientos de la vida y obra de Jesús?
2. ¿Cuál es la impresión de usted relativa a lo sobrenatural en Jesús mismo y en sus obras?
3. ¿Qué quiere decir el autor afirmando que "no hay vida de Jesús"?
4. ¿Qué razones escriturales tenemos para creer que Jesús es el Hijo de Dios?
5. Pruébese que Jesús era "el Hijo del hombre."
6. ¿Cuál fué el mensaje de Gabriel a María?
7. Descríbase la entrevista de María y Elisabet.
8. ¿Qué mensaje dió Gabriel a José?
9. ¿Por qué creemos que 5 A. C. sea la fecha probable del nacimiento de Cristo?
10. Descríbase "el lugar" del nacimiento de nuestro Señor.
11-15. Señálense los cinco grupos que se interesaron en Cristo como niño.
16-17. Dénse las razones de la huída a Egipto y de la vuelta a Nazaret.

18. Descríbase el hogar y el círculo en que creció Jesús.

19-20. Descríbase el único vislumbre que tenemos de la mocedad de Jesús.

21. Jesús fué llamado "el carpintero."   ¿Qué significación tiene este hecho para todos los honrados trabajadores?

CAPITULO V.

1-2. ¿Cuánto tiempo duró el ministerio de nuestro Señor?   ¿En qué fecha comenzó nuestro Señor su ministerio?

3. Indíquese el primer acto de Jesús como el Mesías, y muéstrese la significación de este acto.

4. ¿Con qué arma triunfó Jesús sobre Satanás?

5. Nárrense incidentes que señalan el principio del ministerio de nuestro Señor.

6. Nárrense el rechazamiento en Jerusalem y la única excepción.

7. Nárrese el éxito en Judea.

8. Descríbase "la cosecha en Samaria."

9. ¿Qué ciudad escogió Jesús para vivir en ella mientras trabajaba en Galilea?   ¿Por qué no escogio Nazaret?

10. ¿Qué acusación principal fué presentada contra Jesús por sus enemigos, especialmente en Jerusalem?

11. Nárrese el escogimiento de los apóstoles, e indíquese la significación de este acto.

12. El Sermón en el Monte: ¿dónde se predicó?   ¿a quiénes? ¿Con qué propósito?

13. Indíquese la actitud de los Fariseos hacia Jesús.

14. Manifiéstese la seria acusación que abiertamente hicieron contra él.

15. ¿Qué impresión se hizo en la familia de Jesús por esta acusación de los Fariseos.

16. Discútase a Jesús como Maestro, fijándose especialmente en su uso de parábolas.

17. Jesús envió a los doce de dos en dos: ¿Con qué propósito? ¿Con qué resultado?

18. Dígase el resultado en Galilea.

19. Jesús educó de una manera especial a los doce. Descríbanse las condiciones que facilitaron esta educación e indican las circunstancias favorables a semejante educación.

20. Después de una larga ausencia Jesús volvió a Jerusalem para pasar la fiesta de los tabernáculos. Descríbase su recepción en esta ocasión.

22. ¿Cuál es el único Evangelio que narra la resurrección de Lázaro?   Dése una razón posible del silencio de los sinópticos aquí.

23. Díganse los movimientos de Jesús desde su estancia en los montes de Efraim.

CAPITULO VI.

1. ¿Qué pensaba el pueblo acerca de Jesús cuando se acercaba la pascua?

2. ¿Qué cosa en la entrada triunfal indica el valor de Jesús?

3. ¿Qué dos eventos significativos ocurrieron el lunes de la última semana de la vida de Jesús?

4. Nárrense algunos acontecimientos del último día de Jesús en el templo.

5. ¿De qué habló Jesús principalmente en la tarde sentado sobre el Olivete?

6. Nárrese la oferta de Judas de entregar a Jesús e indíquense los motivos que lo movieron.

7. ¿Cómo reprendió Jesús el orgullo de los apóstoles durante la última cena de la pascua?

8. ¿Con qué señal declaró Jesús que Judas lo entregaría?

9. ¿De qué eran la representación el pan y el vino? ¿De qué eran el memorial? ¿De qué eran promesa?

10. ¿Dónde tenemos narrado el discurso de despedida de Jesús?

11. Descríbase la lucha en el huerto.

12. ¿Con qué señal entregó Judas a Jesús? Descríbase el esfuerzo de Pedro para defender al Señor.

13. ¿Fué juzgado Jesús por Anás?

14. Pruébese que el juicio por el Sanedrín fué una farsa.

15. ¿Cómo dió énfasis Pedro a su declaración de que nunca había conocido al Señor?

16. Descríbase la manera en que murió Judas.

17. ¿Qué acusaciones presentaron los judíos contra Jesús ante Pilato?

18. ¿Qué movió a Pilato a que enviara a Jesús a Herodes Antipas?

19. ¿Qué esfuerzo final hizo Pilato para conseguir que Jesús fuese librado?

20. ¿Cuál, con toda probabilidad, fué el sitio del Calvario?

21. Nárrense algunos incidentes que ocurrieron mientras Jesús estuvo en la Cruz.

22. ¿Qué causó la muerte de Jesús?

23. ¿Qué precaución fué tomada por el Sanedrín en conexión con la tumba de Jesús?

CAPITULO VII.

1. Indíquese la importancia de la doctrina de la resurrección.

2. Muéstrese cómo la duda de los discípulos la hace más fácil para nosotros creer.

3. Sugiéranse algunas teorías con que los incrédulos han procurado refutar la resurrección.

4. ¿Cuánto tiempo estuvo Cristo en el sepulcro?

5-6. Descríbanse dos visitas hechas por las mujeres al sepulcro de Jesús.

7. Nárrese la visita de Pedro y Juan al sepulcro.

8. Nárrese la venida de María al sepulcro.

9. ¿Qué informe fué hecho por la guardia al Sanedrín?

10. ¿Qué puede decirse acerca de la teoría de que las mujeres dieron origen a la creencia en la resurrección?

11. Nárrense las circunstancias bajo las cuales Jesús apareció a Cleofas y su compañero.

12. ¿Qué significación se dió a la aparición a Pedro?

13. Menciónense las cinco apariciones de Jesús durante el primer día de su vida después de la resurrección.

14. Dígase algo de la aparición la noche del domingo siguiente.

15. ¿A quiénes apareció Jesús junto a la Mar de Galilea?

16. ¿Qué deber triple, como es narrado por el autor, se manifiesta en la comisión dada en la montaña en Galilea?

17. ¿Qué condujo a la conversión de Santiago, el hermano de Jesús?

18. ¿Cuál de los evangelistas narra la comisión dada precisamente antes de la ascensión?

19. ¿Con qué promesa consolaron los ángeles a los discípulos de Jesús cuando éste había ascendido?

CAPITULO VIII.

1. Indíquese el propósito del Libro de los Hechos?

2. ¿Cuál fué la promesa dejada por Jesús para cuyo cumplimiento los discípulos esperaron y oraron después de su ascensión?

3. Descríbase la elección del "Nuevo Apóstol."

4. Nárrense algunas cosas que sucedieron en el "Día de Pentecostes," y muéstrense las pretensiones que hizo Pedro.

5. Señálense algunos puntos de una iglesia feliz mencionados en el cuadro de Lucas de la vida de la iglesia después de pentecostés.

6. Descríbase el milagro que condujo a la persecución de los discípulos por los Fariseos (Hech. 3:1-4:31).

7. Relátense la liberalidad de José Bernabé y la perdifia de Ananías y Safira.

8. Descríbase la "prosperidad" que siguió a la muerte de Ananías y Safira.

9. Muéstrese cómo, durante la "nueva persecución," Gamaliel salvó a los discípulos.

10. Relátense las circumstancias que (probablemente) dieron origen al oficio de diácono.

11. ¿En qué consiste la significación de la declaración que "una gran multitud de los discípulos obedecía a la fe"?

12. ¿Qué era lo que en el discurso de Esteban enfureció a los Fariseos?

13. Descríbase la persecución de la iglesia por Pablo.

14. Dígase algo de la obra de Felipe en Samaria.

15. Indíquese la significación de la conversión y bautismo de la casa de Cornelio.

16. ¿Quiénes protestaron contra Pedro en conexión con el bautismo de Cornelio? ¿Por qué?

17. Muéstrese cómo el poder del estado se unió por primera vez contra los apóstoles.

18. Dígase algo de la Epístola de Santiago.

CAPITULO IX.

1. Tocante a la persecución de Saulo de los creyentes. Descríbase (1) el motivo de Saulo; (2) su celo y energía.

2. Dénse argumentos para probar que Jesús realmente apareció a Saulo en el camino para Damasco.

3. Dígase cómo Ananías fué inducido a ir a Saulo en la casa de Judas.

4. ¿Qué se hizo el pensamiento central en la nueva teología de Saulo?

5. ¿Cómo se ocupó Saulo probablemente durante su permanencia en Arabia?

6. Descríbase la partida de Saulo de Damasco después de su vuelta a esa ciudad de Arabia.

7. Descríbase la recepción de Saulo en Jerusalem cuando volvió a aquella ciudad después de su conversión.

8. ¿Qué frutos tuvo la labor de Saulo en Tarso y Cilicia?

9. ¿Cuál fué la ocasión de la venida de Saulo a trabajar en Antioquía?

CAPITULO X.

1. Tocante al primer gran viaje, dígase—
    (a) la preparación para el primer gran movimiento misionero;
    (b) el llamamiento de los primeros misioneros;
    (c) la primera compañía misionera;
    (d) el curso que siguieron, y por qué;

(e) la recepción a su vuelta a Antioquía.
2. ¿Qué dijeron los Fariseos contra Bernabé y Saulo?
3. ¿Qué decisión se hizo por el Gran Concilio en Jerusalem?
4. ¿Cuál fué el punto de diferencia entre Saulo por un lado y Pedro y Bernabé por otro?
5. El segundo gran viaje—
    (a) ¿Qué dió origen a la disputa sobre Juan Marcos?
    (b) ¿Cuál fué el primer trabajo de Pablo en su segundo viaje misionero?
    (c) Dígase algo de Timoteo hacia el occidente hasta llegar a Efeso.
    (d) ¿Por qué no siguió Pablo su camino?
    (e) ¿Qué visión tuvo Pablo en Troas?
    (f) ¿Qué milagro obró Pablo en Filipos y con qué resultados?
    (g) Dígase algo de la experiencia de Pablo en Tesalónica.
    (h) ¿Qué se dice de la actitud de los de Berea hacia el mensaje de Pablo?
    (i) ¿Qué fué en el sermón de Pablo lo que disgustó a los hombres de Atenas?
    (j) Descríbanse las condiciones que encontró Pablo en Corinto
    (k) ¿Con qué propósito escribió Pablo I y II Tesalonicenses?

CAPITULO XI.

1. ¿Cuántos viajes misioneros hizo Pablo?
2. ¿En cuántos grupos se dividen las Epístolas de Pablo?
3. Menciónense algunos de los compañeros de Pablo en el trabajo misionero.
4. ¿Qué países visitó Pablo primero en su tercer viaje misionero?
5. Dígase algo de Apolos.
6. Tres años en Efeso—
    (a) ¿Tuvieron alguna conexión con Apolos los doce "discípulos mal informados de Juan el Bautista"?
    (b, c) ¿En qué dos lugares predicó Pablo en Efeso?
    (d, e) Dénse incidentes que indiquen la influencia adquirida por Pablo en Efeso.
7. ¿Cuáles fueron las divisiones en la iglesia de Corinto que son reprendidas por Pablo en I Corintios?
8. ¿Por qué fué Pablo a Troas desde Macedonia?
9. Dígase algo de la índole de la Segunda Epístola a los Corintios.
10. ¿Por qué fué Pablo a Ilírico?
11. ¿Cuánto tiempo se quedó Pablo en Corinto?
12. ¿Qué declara Pablo en Gálatas ser la misma esencia del evangelio?
13. ¿Qué tesis expone Pablo en Romanos?
14. ¿A qué ciudad fué Pablo a la conclusión de su tercer viaje misionero?

CAPITULO XII.

1. ¿Qué recepción le fué acordada a Pablo en Jerusalem?
2. ¿Qué plan fué adoptado por parte de Pablo para remover los prejuicios de los judíos cristianos en Jerusalem?
3. ¿Qué acusación falsa fué traída por los judios de Efeso contra Pablo?
4. Indíquese el espíritu del Sanedrín hacia Pablo.
5. Dígase cómo animó el Señor a Pablo la noche siguiente de su juicio ante el Sanedrín.
6. Muéstrese cómo fué rescatado Pablo de los conspiradores que procuraban matarlo.

7. ¿Qué acusaciones de parte del Sanedrín trajo Tertulio contra Pablo?

8. ¿Por qué pidió Félix a Herodes Agripa y a Berenice que oyeran a Pablo?

9, 10, 11. ¿En qué puntos se detuvo Pablo en su viaje a Roma?

12. Háblese de las condiciones de la vida de Pablo durante los dos años pasados como prisionero en Roma.

13. ¿Cuál es la clave de Filipenses?

14. Háblese de la Epístola a Filemón.

15. ¿Cuál es la cuestión suprema en Colosenses?

16. ¿Cuál es la naturaleza de la Epístola a los Efesios?

CAPITULO XIII.

1. ¿Cuáles son nuestras fuentes de conocimiento concerniente a los últimos días de Pablo?

2. ¿Fué Pablo realmente juzgado en Roma?

3, 4. Cítense las circunstancias probables de Pablo después de haber sido libertado en Roma.

5. ¿A quién culpó Nerón por el incendio de Roma? ¿Con qué resultado?

6. ¿Cómo procuró Pablo corregir los males en Creta?

7, 8. Indíquense otros lugares en que Pablo trabajó probablemente en este tiempo.

9. ¿Cuál fué el propósito de Pablo al escribir I de Timoteo? (1:3, 4.)

10. ¿Qué acerca del carácter cretense indicado en la Epístola a Tito?

11. ¿Por qué instigación fué arrestado Pablo esta vez y por qué cargo?

12, 13. Descríbanse las condiciones del último encarcelamiento de Pablo en Roma.

14. Dígase algo de la última Epístola del "Apóstol Gigante."

15. Háblese de la muerte de Pablo.

CAPITULO XIV.

1. Menciónense las Epístolas generales o Católicas.

2. ¿Qué sabemos de la última parte del ministerio de Pedro?

3. La Primera Epístola de Pedro—
    (a) ¿Hay objeciones serias a la genuinidad de esta Epístola?
    (b) ¿De qué lugar escribió Pedro esta Epístola?
    (c) ¿Cuál fué la fecha probable de este escrito?
    (d) ¿A quién fué dirigida la Epístola?
    (e) ¿Cuál parece ser el objeto de la Epístola?

4. La Epístola de Judas—
    (a) ¿Quién fué el autor de esta Epístola?
    (b) ¿Qué acerca de la fecha?

5. Segunda Epístola de Pedro: Dése la fecha; su destino; su naturaleza general.

6. ¿Cuál fué el lugar probable y la forma de la muerte de Pedro?

CAPITULO XV.

1. ¿Qué puede usted decir acerca de la unidad de enseñanza en el Nuevo Testamento?

2. ¿Qué puede decirse acerca del autor de la Epístola a los Hebreos?

3. Dígase algo acerca de la diversidad de enseñanza en el Nuevo Testamento.

4. ¿Qué acerca del destino de la Epístola a los Hebreos?

5. ¿Dónde fué escrita esta Epístola?

6. ¿Cuál fué la fecha probable en que fué escrita esta Epístola?

7. ¿Qué se dice acerca del "estilo" en la Epístola a los Hebreos?

8. Discútase brevemente la "ocasión" de la Epístola a los Hebreos.

9. La Línea del Argumento.

10. Trácese el curso del argumento como es sugerido por el autor en once puntos.

(La Epístola debería leerse cuidadosamente con el bosquejo del autor por guía.)

CAPITULO XVI.

1. Dígase algo de la vida y carácter de Juan.

2. ¿Qué libros del Nuevo Testamento se atribuyen a Juan?

3. ¿Cuál fué la fecha probable de las Epístolas de Juan?

4. Jerusalem fué destruída—¿Cuándo?   ¿Con qué resultado para el cristianismo?

5. Indíquese la extensión del gnosticismo.

6, 7, 8. Afirme Ud. que ha leído cuidadosamente la Primera, Segunda, Tercera Epístolas de Juan a la luz de la discusión del autor.

9. ¿Qué libro en el Nuevo Testamento fué escrito el último probablemente?

10. Dígase algo de las persecuciones bajo Domiciano.

11. ¿Cuál fué el propósito del Apocalipsis?

12. ¿Cuál es la significación de "apocalipsis"?   ¿Por qué existía este tipo de literatura?

13. ¿Qué se enseña acerca del milenio en el Libro de la Revelación?   ¿Qué gran doctrina se dice estar en peligro de ser obscurecida por teorías rivales acerca del Milenio?

14. ¿A quién fué dirigido el Apocalipsis?

15. Indíquense aspectos prácticos del Apocalipsis.

16. ¿Qué resultado final se predijo en el Apocalipsis?